I0031964

Viktoria Pichler

Sterbe- und Trauerbegleitung schwerstkranker Kinder und ihrer Angehörigen

Implikationen für die Profession der Sozialen Arbeit

Viktoria Pichler

**STERBE- UND TRAUERBEGLEITUNG
SCHWERSTKRANKER KINDER UND IHRER ANGEHÖRIGEN**

Implikationen für die Profession der Sozialen Arbeit

ibidem-Verlag
Stuttgart

Bibliografische Information der Deutschen Nationalbibliothek
Die Deutsche Nationalbibliothek verzeichnet diese Publikation in der
Deutschen Nationalbibliografie; detaillierte bibliografische Daten sind im
Internet über http://dnb.d-nb.de abrufbar.

Bibliographic information published by the Deutsche Nationalbibliothek
Die Deutsche Nationalbibliothek lists this publication in the Deutsche Nationalbibliografie;
detailed bibliographic data are available in the Internet at http://dnb.d-nb.de.

Coverabbildung: Image licensed by Ingram Publishing

∞

Gedruckt auf alterungsbeständigem, säurefreien Papier
Printed on acid-free paper

ISBN-13: 978-3-8382-0239-6

© *ibidem*-Verlag
Stuttgart 2011

Alle Rechte vorbehalten

Das Werk einschließlich aller seiner Teile ist urheberrechtlich geschützt. Jede Verwertung
außerhalb der engen Grenzen des Urheberrechtsgesetzes ist ohne Zustimmung des Verlages
unzulässig und strafbar. Dies gilt insbesondere für Vervielfältigungen,
Übersetzungen, Mikroverfilmungen und elektronische Speicherformen sowie die
Einspeicherung und Verarbeitung in elektronischen Systemen.

All rights reserved. No part of this publication may be reproduced, stored in or introduced into a retrieval
system, or transmitted, in any form, or by any means (electronical, mechanical, photocopying, recording or
otherwise) without the prior written permission of the publisher. Any person who does any unauthorized act
in relation to this publication may be liable to criminal prosecution and civil claims for damages.

Printed in Germany

Inhaltsverzeichnis

Einleitung

Es erscheint unbegreiflich, irreal, unfair, grausam und bringt unsere Psyche an die Grenze des Fassbaren, und dennoch geschieht es, tagtäglich, auf verschiedenste Art und Weise, und ganz gleich, ob in wohlhabenden oder sozial benachteiligten Familien, der traurige Fakt bleibt der gleiche, unbegreifbare – Kinder sterben. Und dies geschieht bei weitem nicht so selten, wie wir gemeinhin annehmen. Kinder sterben auf vielfältigste Weise und unter verschiedenen Umständen, schon vor der Geburt im Mutterleib oder durch unerwartet versiegenden Atem durch den plötzlichen Kindstod bis hin zum Tod von krebs- oder stoffwechselerkrankten Kindern, die trotz zahlreicher Therapien den Kampf gegen ihre Erkrankung verlieren. Kinder sterben an verschiedensten Beeinträchtigungen oder auch durch Unfälle. Sie werden Opfer von Verbrechen oder nehmen sich sogar selbst das Leben.

Nach dem Tod eines Kindes bleiben geschockte und von unfassbarer Trauer überwältigte Eltern und Geschwister und eine offensichtlich überforderte, scheinbar nicht zur Hilfeleistung fähige Umwelt zurück. Die Welt scheint für die Angehörigen, wie in dem oben angeführten Gedicht so wunderbar beschrieben, leer und bedeutungslos geworden.

In Österreich sind in den Jahren 2007 418 und 2008 421 Kinder unter 15 Jahren verstorben (vgl. www.statistik-austria.at, 31.03.2010). In Kärnten versterben nach Angaben von zwei Interviewpartnerinnen jährlich zwischen 40 und 50 Kinder und Jugendliche bis 18 Jahren (vgl. IG und IC).

Diese kurze Einführung beschreibt die Thematik, mit welcher sich diese Studie auseinandersetzen wird. Einerseits widmet sie sich dem schwerstkranken sterbenden Kind und seinem inneren Erleben des Sterbe- und Trauerprozesses, andererseits den hinterbliebenen Eltern und Geschwistern sowie den derzeitigen gesellschaftlichen Rahmenbedingungen. Als abschließendes Kapitel erfolgt eine Versorgungsanalyse der spezifischen Situation sterbender Kinder und ihrer Angehörigen in Kärnten.

Meine Motivation für die Beschäftigung mit dieser Thematik entspringt der Erkenntnis, dass viele der Klientinnen in verschiedenen Handlungsfeldern Sozialer Arbeit derartige Verlusterfahrungen (Tod des eigenen oder auch den

Tod eines Geschwisterkindes und daraus resultierende schwierige Bedingungen in der Herkunftsfamilie) erleben müssen. Umso erschreckender ist für mich die Erkenntnis, das Sozialarbeiterinnen, wenn sie in Berührung mit dieser Thematik kommen, scheinbar einem Feld gegenüberstehen, das ihnen von der Ausbildung her kaum vertraut ist (vgl. Student u. a., 2007, S. 42). Im Zuge der Auseinandersetzung mit dem Thema stellte sich heraus, dass die Positionierung der Profession Soziale Arbeit in diesem Bereich äußerst unklar und ihre Rollenzuschreibung diffus und undurchsichtig ist. Darin sehe ich nun auch die große Herausforderung für die Soziale Arbeit, schwerstkranke sterbende Kinder und deren Primärangehörige als relevante Zielgruppe wahrzunehmen und sich den Versorgungsproblemen dieser marginalisierten Adressatengruppe zu stellen.

»Davon, dass wir über das Sterben reden, stirbt man nicht.« (Ritter, 2003, S. 23)

In diesem Zitat spiegelt sich die Herangehensweise wieder, welche die hier vorliegende Studie prägen soll. Sterben, Tod und Trauer, gleichgültig ob im Kinder- oder Erwachsenenalter, soll als Tatsache, welche ausnahmslos jedes Individuum betrifft, aber auch als spezieller Lebensabschnitt mit besonderen Problemkonstellationen und Herausforderungen wahrgenommen werden.

Ziel dieser Studie ist es, einen Einblick in die Erlebens- und Verarbeitungsweisen sterbender Kinder zu geben und den Trauerprozess und die spezifischen Herausforderungen für Eltern und Geschwister, bezugnehmend auf die derzeitigen gesellschaftlichen Bedingungen, darzulegen. Des Weiteren soll ein Überblick hinsichtlich möglicher Begleitung für den betroffenen Personenkreis und der Rolle der Sozialen Arbeit innerhalb dieser gewährt und die Versorgungslage für Betroffene in Kärnten erörtert werden.

Die Aufarbeitung der Thematik erfolgt durch Verknüpfung einer theoretischen Erarbeitung der Fachliteratur und einem empirischen Teil mittels der Auswertung von sieben qualitativen, problemzentrierten Experteninterviews. Die Studie ist in sechs Kapitel gegliedert: »Sterben, Tod und Trauer heute«, »Sterbende Kinder«, »Trauernde Eltern«, »Trauernde Geschwister«, »Methodendarstellung der empirischen Datenauswertung« und »Auswertung der Interviews in Kategorien«.

Das erste Kapitel stellt den Einstieg in die Thematik dar. Hier wird erörtert, von welcher Haltung der gesellschaftliche Umgang mit Sterben, Tod und Trauer derzeit geprägt ist, wobei auch die scheinbar bessere Integration von Sterben, Tod und Trauer in das Leben früherer Zeiten kritisch hinterfragt wird. Ebenso wird hier Bezug genommen auf neue Einflüsse, wie beispielsweise die Rolle der Medien und ihren Beitrag zur Verhärtung oder Aufhebung des Sterbe-, Tod- und Trauertabus. Abschließend wird noch die besondere Bedeutung von Ritualen in Bezug auf Sterben, Tod und Trauer herausgearbeitet. Diese allgemeinen Erkenntnisse werden darauffolgend auf meine spezifische Zielgruppe der betroffenen Kinder und Eltern spezifiziert und die Auswirkungen auf ihre Situation detailliert dargestellt.

In Kapitel zwei wird ein Einblick in die Lebens- und Erlebenswelt sterbender Kinder mit ihren spezifischen Herausforderungen und Problematiken gewährt. Als Voraussetzung für diesen Einblick wird zunächst die Vorstellung des Todesbegriffs je nach Altersstufe herausgearbeitet. Ein Verständnis dafür, dass Kinder in jedem Stadium ihres Lebens andere Erfahrungen mit dem Tod machen, andere Vorstellungen und Denkweisen über ihn haben und dementsprechend verschiedene Fragen stellen, kann als Grundvoraussetzung, sich mit dieser Thematik zu beschäftigen, angesehen werden (vgl. Specht-Tomann/Tropper, 2004, S. 68). Anschließend wird in diesem Kapitel der Trauer- und Sterbeprozess geschildert, wobei diese Vorgänge in der hier vorliegenden Arbeit als prozesshaftes Geschehen begriffen und dargestellt werden. Die Trauer der betroffenen Kinder wird mit den damit einhergehenden Bedürfnissen, Empfindungen und Ängsten beschrieben. Hinsichtlich der Bewältigung des Sterbeprozesses wird auf das Fünf-Phasen-Modell nach Kübler-Ross Bezug genommen. Besonders beachtet wird auch die Endphase, in welcher Kinder oft intuitiv aufhören zu kämpfen, wenn sie spüren, dass es nichts mehr zu gewinnen gibt (vgl. Ritter in Student, 1999, S. 77). Bezüglich der Darstellung der Begleitung sterbender Kinder lehne ich mich der Auffassung der berühmten Sterbeforscherin Kübler-Ross an, wonach gerade Kinder, denen man medizinisch nicht mehr helfen kann, ebenso viel Aufmerksamkeit bedürfen, wie jene, die auf ihre Entlassung warten (vgl. Kübler-Ross, 2001, S. 190f). Ebenso bedeutsam sind für mich die Ausführungen von Frau Dr. Cicely Saunders, welche als Begründerin der Hospizbewegung gilt und überdies Sozialarbeiterin war.

»You matter because you are you. You matter to the last moment of your life, and we will do all we can to help you not only to die peacefully, but also to live until you die." (Cicely Saunders in Otterstedt, 2006, S. 239)

Das dritte Kapitel widmet sich den betroffenen Eltern. Zunächst wird hier die Begrifflichkeit der Trauer erörtert und einige Besonderheiten in der Trauer um Kinder dargestellt. Der Prozess der Trauer wird detailliert mit auftretenden Gefühlen und Reaktionen, besonders bezugnehmend auf das Phasenmodell der Psychologin Verena Kast, beschrieben. Auch das Phänomen abweichender oder pathologischer Trauerreaktionen findet eine kurze Skizzierung. Die Bewältigungsanforderungen hinsichtlich der Partnerschaft während der Pflege eines schwerstkranken, sterbenden Kindes und nach dem Tod des Kindes werden aufgezeigt. Anschließend erfolgt die Beschäftigung mit verschiedenen Todesarten und ihre Bedeutungen und Auswirkungen auf den Trauerprozess der Eltern. Die Darstellung der Trauerbegleitung als eine Intervention, welche bewirken soll, dass die Hinterbliebenen die Zeit nach dem Tod eines geliebten Menschen ohne zusätzliche körperliche oder seelische Schäden überstehen (vgl. Student u.a., 2007, S. 29), als eine mögliche Aufgabe von Sozialarbeiterinnen ist ein weiterer wichtiger Punkt dieses Kapitels. Abschließend werden noch verschiedene Trauer- und Bestattungsrituale und ihre Bedeutung für die Trauerprozesse verdeutlicht.

Die Auseinandersetzung mit der Situation der Geschwister erfolgt in Kapitel vier. Hierbei geht es zunächst darum, die besondere Situation von betroffenen Geschwistern als »vergessene Trauernde« (vgl. Wiese, 2009, S. 56f) darzustellen und Fragen wie jene, ob Kinder an den Pflegetätigkeiten für den Geschwisterteil beteiligt werden oder am Begräbnis teilnehmen sollen, zu erörtern. In Bezug auf die Erlebens- und Reaktionsweisen der Kinder spielt wiederum das jeweilige Todeskonzept eine große Rolle. Deshalb werden die Reaktionen der Geschwister nach Altersstufen aufgeschlüsselt abgebildet und danach der kindliche Trauerprozess mit etwaigen Hinweisen auf abweichende Reaktionen erschlossen. Grundlegende Hinweise für die Hilfestellung für Geschwisterkinder stellen den Abschluss dieses Kapitels dar.

Die empirische Auseinandersetzung mit der Thematik beginnt mit Kapitel fünf und einer Darstellung der Erhebungs-, Durchführungs- und Auswertungsmethode. Das Erkenntnisinteresse wird detailliert dargelegt. In der hier vorliegenden Studie wird die Durchführung von sieben leitfadengestützten

Expertinneninterviews als sozialwissenschaftliche Untersuchungsmethode dargestellt und die Ergebnisse in diesem Kapitel geschildert. Hinsichtlich des Expertenbegriffes lehne ich mich an die Definition von Gläser und Laudel an, nach der Expertinnen Menschen sind, die über ein besonderes Wissen über den zu untersuchenden Sachverhalt verfügen (vgl. Gläser/Laudel, 2006, S. 10). Als Erhebungsinstrument wird ein Interviewleitfaden genutzt, dessen Aufbau in Kapitel fünf beschrieben wird und welcher im Anhang beigefügt ist. Überdies werden die Kontaktaufnahme und die Durchführungssituation der einzelnen Interviews sowie die Thesen, die mittels der Interviews überprüft werden sollen, dargestellt. Die Auswertung der Interviews erfolgte mittels der Qualitativen Inhaltsanalyse nach Mayring mit Modifizierung dieses Modells nach Gläser und Laudel. Diese Methode wie auch die Transkriptionsform und die Herangehensweise bei der Ergebnisdarstellung werden in Kapitel fünf ebenso skizziert.

In Kapitel sechs erfolgt die Auswertung der Interviews. Es handelt sich hierbei um eine Versorgungsanalyse bezogen auf das Bundesland Kärnten. Zunächst werden die Vereine, Institutionen beziehungsweise Plattformen der Interviewpartnerinnen, welche von mir als primäre und wichtigste Versorgungsinstanzen begriffen werden, dargestellt. In dieser ersten Kategorie »Versorgungssituation in Kärnten« skizzieren die Interviewpartnerinnen zunächst den Begriff der optimalen Betreuung und benennen die für sie wichtigsten Elemente in der Versorgung und Betreuung schwerstkranker sterbender Kinder und ihrer Angehörigen. Darauffolgend werden Institutionen und handlungsrelevante Angebote in Kärnten benannt und die Netzwerkarbeit in dem Handlungsfeld eingeschätzt. Anschließend erfolgt eine Beurteilung der Interviewpartnerinnen über den Ausbau- und Änderungsbedarf in Kärnten. Zudem wird im Laufe der Auswertungen von den Interviewpartnerinnen der Begriff des Kinderhospizes definiert und die Bedarfsfrage eines solchen in Kärnten erörtert. Ein Teil der Interviewauswertung beschäftigt sich mit der Einschätzung der gesellschaftlichen Verhaltensweisen gegenüber Sterben, Tod und Trauer. Einen äußerst bedeutsamen Abschnitt der Auswertungen nimmt auch die Frage nach der derzeitigen Rolle der Sozialen Arbeit im Versorgungsprozess sterbender Kinder und ihrer Angehörigen ein. Es wird festgestellt, welche Begriffsauffassung Sozialer Arbeit bei im Handlungsfeld Tätigen herrscht, welche Aufgaben der Sozialen Arbeit zugeschrieben werden, und wie die derzeitige Vernetzung mit Sozialarbeiterinnen aussieht. In diesem Kapitel wird auch dargestellt, welche Ausbau- und Änderungsanforderungen an die Profession Sozialer Arbeit gestellt werden, und welche Implikationen sich aus den Aussagen der Interviewpartnerinnen für die Profession Sozialer Arbeit ableiten lassen.

Die Frage »Was können wir noch tun?« soll sich wie ein roter Faden durch die gesamte Arbeit ziehen. Im ersten Kapitel weist sie auf die Ohnmacht der Gesellschaft in Bezug auf die Situation sterbender Kinder und deren Primärangehörigen hin, und die daraus resultierenden Konsequenzen für Betroffene werden aufgezeigt. In den Kapiteln zwei und drei soll die Frage durch die Darstellung möglicher Begleitungen und Hilfestellungen beantwortet werden, immer auch besonders bezugnehmend auf die Frage nach der (möglichen) Rolle der Profession Sozialer Arbeit. In Kapitel sechs soll diese Frage spezifiziert auf den Kärntner Bereich erörtert und hinsichtlich der möglichen Aufgabenfelder nochmals an die Soziale Arbeit gestellt werden.

Abschließend muss noch bemerkt werden, dass in der gesamten Studie bezüglich Personen- oder Personengruppenbezeichnungen immer nur die weibliche Form verwendet wurde. Diese Handhabung erfolgte mit dem Ziel einer besseren Lesbarkeit der Arbeit. Da in diesem Bereich Tätige überwiegend weiblich sind, habe ich mich für die Verwendung der weiblichen Form entschieden. In allen Fällen, in denen nicht explizit von weiblichen Personen gesprochen wird, sind auch männliche Personen gemeint.

1 Sterben, Tod und Trauer heute

Die gesellschaftlichen Bedingungen für den Umgang mit Sterben, Tod und Trauer, welche für den Sterbe- und Trauerprozess der hier dargestellten Personengruppe mitbestimmend sind, unterliegen einem ständigen Wandel. Dieses Kapitel soll zunächst diese Rahmenbedingungen allgemein darstellen, um darauffolgend spezifisch die gesellschaftliche Situation von sterbenden Kindern und trauernden Eltern herauszuarbeiten.

1.1 Darstellung des Umgangs mit Sterben, Tod und Trauer

1.1.1 Verdrängungstendenzen

Nach Fischer ist die gesamte Auseinandersetzung mit Sterben, Tod und Trauer in der heutigen Zeit durch Säkularisierung, Individualisierung, Technisierung und Professionalisierung (vgl. Fischer in Schäfer, 2001, S. 13) gekennzeichnet, was laut Schäfer durch den einhergehenden Verlust sozialer Trauerformen noch verschärft wird (vgl. Schäfer, 2001, S. 19).

Verdrängungsthese bezüglich Sterben, Tod und Trauer

»Das Spiel mit dem Leben ist zwar zum Volkssport geworden, aber sterben tun ohnehin immer die anderen.« (Duss von Werdt, 1996, S. 202)

Verdrängung, in Bezug auf den Tod, stellt sich heute als Zusammenführung mehrerer Gegenwartsdiagnosen, wie zum Beispiel Privatisierung und Tabuisierung, dar. Die individuelle Verdrängung des Todes kann als Angstabwehr und Möglichkeit, sich vor der psychischen Bedrohung durch das Wissen über die eigene Sterblichkeit oder die Nahestehender zu schützen, verstanden werden (vgl. Pfeffer, 2005, S. 37ff)

»Die Erkenntnis, dass der Tod untrennbar mit dem Leben verbunden ist, ist vielen Menschen nicht bewusst.« (Patsch, 2006, S. 70)

Dies mag unter anderem auch darin begründet sein, dass der Umgang mit Sterbenden und Toten immer mehr der gesellschaftlichen Sichtbarkeit entzogen wird (vgl. Pfeffer, 2005, S. 40). Ein Indiz für die Verdrängung des Todes stellen die starken Professionalisierungstendenzen in der Versorgung Sterbender ebenso dar, wie die Tatsache, dass Trauerfeiern immer öfter in aller Stille stattfinden (vgl. Schäfer, 2001, S. 9ff). Heute ist es gängige Praxis, dass Beerdigungen im engsten Familienkreis stattfinden, die Sterbewirklichkeit jedoch nur in Ausnahmefällen im Kreise der Familie geschieht (vgl. Duss von Werdt, 1996, S. 202).

> »Ich habe ja nichts gegen das Sterben, ich möchte nur nicht unbedingt dabei sein, wenn es passiert.« (Woody Allen in Harsieber, 2006, S. 94)

Mit diesem Satz beschreibt Harsieber in seiner Publikation die Verdrängungstendenzen in unserer Industriegesellschaft. Seiner Ansicht nach werden diese Verdrängungsforderungen sogar auf wissenschaftlicher Ebene durch Wortschöpfungen wie »Anti-Aging«, »Life-Extension« und Ähnliches gefördert und verstärkt. Auch die mit dem Jugendkult infizierte Medizin leistet hierbei ihren Beitrag. Das Thema Tod ist in der Medizin eine extra- und intramural verdrängte Thematik (vgl. Burgheim, 2006b, S. 94 und 98).

> »Todesferne als Ergebnis kollektiver Todesverdrängung ist eine Kennmarke gegenwärtiger Zivilisation.« (Duss von Werdt, 1996, S. 203)

Der Tod ist zwar eine universelle und unausweichliche Erfahrung, wird in unserer Gesellschaft jedoch weitgehend weggeschoben und geleugnet, da sich in unserer westlichen Kultur weitestgehend alles um Jugend und Leben dreht (vgl. Fitzgerald/Toplak, 1994, S. 13).

Sterben, Tod und Trauer als erklärte Bewältigungsaufgabe des Individuums

> »Sterben und Tod sind nicht nur höchst persönliche, sondern unvermeidlich auch soziale Themen, weil immer andere Menschen und die Gesellschaft mit betroffen sind.« (Student u.a., 2007, S. 67)

Mit der gesellschaftlichen Tendenz, Sterben, Tod und Trauer zur persönlichen Sache der betroffenen Individuen zu erklären, schwindet gleichzeitig zunehmend das Wissen darüber, wie eine Trauernde empfindet und wie man sie unterstützen kann. Dies führt dazu, dass die Mehrheit der Menschen sich heute in großer Hilflosigkeit befindet, wenn sie trauernden Mitmenschen begegnet (vgl. Bode, 1998, S. 28). Trauern war früher eine Sache der Gemeinschaft, wie alte Bräuche, beispielsweise die Totenwache und das gemeinsame Beten des Rosenkranzes, zeigen. Heute wird sie zu hochpersönlichen Sache deklariert, aus welcher sich das Umfeld lieber heraushält (vgl. Bode, 1998, S. 35). Durch die zunehmende Säkularisierung verschwinden immer mehr die Anlässe, in denen es möglich ist, sich in der Gemeinschaft an die verstorbene Person zu erinnern. Es gibt immer weniger Totenmessen, Jahresgedächtnisse und Ähnliches (vgl. Roth, 1998, S. 44). Todesfälle sind heute zu einem hohen Anteil Privatsache. Dies zeigt sich auch darin, dass zwanzig Prozent der Todesanzeigen erst nach der Beerdigung in die Zeitung gesetzt werden (vgl. Bode, 1998, S. 162). Zudem wird auch die Sinndeutung hinsichtlich des Sterbens und Todes immer mehr in die Sphäre der Individuen verlagert (vgl. Schäfer, 2001, S. 16).

Sterben und Tod als angstbesetztes Horrorszenario

»Der Gedanke an die Endlichkeit menschlicher Existenz löst bei vielen Menschen Schrecken und Panik aus.« (Specht-Tomann/Tropper, 2004, S. 10)

Angst ist im Zusammenhang mit Sterben, Tod und Trauer ein häufiges Merkmal und hat komplexe psychologische Ursachen. Es ist ein vielschichtiges Phänomen, und die Ausprägung hängt wesentlich von persönlichen Erfahrungen, historischen, religiösen und kulturellen Faktoren ab (vgl. Cook/Phillips, 1995, S. 10.). Der lange oder zunehmend längere Prozess des Sterbens (Siechtum) gilt für manche Theoretiker als Quelle vieler Ängste bezüglich des Sterbens (vgl. Pfeffer, 2005, S. 35). Der Schrecken vor der Endgültigkeit und Härte des Todes ist auch in Todesanzeigen und Nachrufen spürbar. So wird das Wort »Tod« nur sehr selten verwendet und durch Synonyme wie »von uns gegangen«, »hat ausgelitten«, »wurde heim geholt« oder »weilt nicht mehr unter uns« ersetzt (vgl. Hinderer/Kroth, 2005, S. 9). Specht-Tomann und Tropper zufolge hat die zunehmende Institutionalisierung und Abtrennung des Sterbens vom normalen Alltagsleben die Entstehungen von multiplen Phantasien und Vorstellungen, die gerade bei Kindern eine Vielzahl von Ängsten und Unsicherheiten wecken, zur Folge (vgl. Specht-Tomann/Tropper, 2004, S. 185).

Sterben als Dehumanisierungsprozess

Schäfer zufolge kommt es zunehmend zu einer Bürokratisierung, Entpersön-
lichung und Entfremdung Sterbender und der Sterbevorgänge (vgl. Schäfer,
2001, S. 20ff). Laut Kübler-Ross ist die heutige Behandlung sterbender Menschen von einem Dehumanisierungsprozess gekennzeichnet. So beginnt die
Umgebung den sterbenden Menschen zunehmend nicht als Person, sondern
als Gegenstand wahrzunehmen, dessen Wünsche häufig gar nicht mehr
wahrgenommen und beachtet werden (vgl. Kübler-Ross, 2001, S. 21). Im Zuge dessen werden Aries folgend Sterbende zunehmend belogen und entmün-
digt, und es wird sogar versucht, ihnen das eigene Sterben zu verschweigen
(vgl. Student u.a., 2007, S. 135).

Tod als Folge ärztlichen Versagens

> »Während früher der Priester gerufen wurde, sobald der Tod sich abzeichnete, um
> den Übergang ins Jenseits vorzubereiten, ruft man heute den Arzt, um das Dies-
> seits zu verlängern.« (Pfeffer, 2005, S. 45f)

Der Tod wird heute nicht mehr als natürlicher Vorgang, sondern als (ärztli-
ches) Versagen gesehen. Specht-Tomann und Tropper sprechen in ihrer Publikation davon, dass der Tod aus der heutigen Sicht eher als ein Betriebsunfall
einer auf moderne Technik ausgerichteten Medizin dargestellt wird und zunehmend die Selbstverständlichkeit in der Herangehensweise an diese Thematik verlorengeht (vgl. Specht-Tomann/Tropper, 2004, S. 22). Dies lässt
sich in den medizinischen Bestrebungen, den Tod unter allen Umständen zu
verhindern und unsterblich zu sein, erkennen (vgl. Zach, 1996, S. 241f).

1.1.2 Rückkehr zu alten Traditionen als Bewältigungsform?

Oberflächlich betrachtet erscheint es, als sei der Umgang mit Tod, Trauer und
Sterben in früheren Zeiten vielfach besser, sinnhafter und natürlicher in das
Leben und die soziale Gemeinschaft integriert gewesen. Dieser scheinbar bessere Umgang mit Sterben, Tod und Trauer ist mit historischem Abstand betrachtet ziemlich uneinheitlich und scheinheilig. Die Wirklichkeit des Sterbens war immer abhängig von dem sozialen Stand, der Religion, der Stadt-

oder Landzugehörigkeit und vielen weiteren Milieubedingungen (vgl. Rohlshoven, 1998, S. 207ff).

> »Das hohe Maß an gemeinschaftlicher Alltagsbewältigung, an Nachbarschaftshilfe
> und Beistand bei Arbeiten und Unglücksfällen, bei Geburt und Tod, war lebens-
> notwendig und nahezu ohne Alternative.« (Rohlshoven, 1998, S. 208)

Dies bedeutete jedoch zugleich ein hohes Maß an Zwängen und Einengungen.
So war eine Privatheit des Trauerns nahezu unmöglich. Rituale gaben den
Trauernden einerseits zwar stützende Verhaltenssicherheiten, andererseits
bedeuteten sie viele Bürden. So waren manche Frauen durch die Anhäufung
von Todesfällen in der Familie gezwungen, praktisch lebenslang Trauerbe-
kleidung zu tragen, was einem Ausschluss von den schönen Seiten des Lebens
gleich kam. Deshalb muss das scheinbare Verlangen der Menschen nach dieser Gemeinschaft sehr differenziert betrachtet werden. Die Individuen sehnen
sich heute genau genommen zwar nach der Geborgenheit der Gemeinschaft,
jedoch nicht nach den damit verbundenen Abhängigkeiten, Nöten und Un-
freiheiten, die diese frühere Gesellschaftsform ebenso kennzeichneten (vgl.
Rohlshoven, 1998, S. 208). Unbestritten bleibt jedoch, dass eine Institutionalisierung des Sterbens und Todes zur Marginalisierung des Todes geführt hat.
Die Individualisierungstendenzen unserer Gesellschaft müssen jedoch nicht
zwangsläufig zu einem in sozialer Hinsicht einsamen Tod führen (vgl. Rohlshoven, 1998, S. 210ff).

> »Er eröffnet vielmehr eine größere Vielfalt an kulturellen Ausdrucksformen, die zur
> Bestätigung der einzelnen Persönlichkeit führen können, als es sie je in der Ge-
> schichte gegeben hat.« (Rohlshoven, 1998, S. 213)

1.1.3 Enttabuisierungstendenzen

Aufbruch der Tabuisierung von Sterben, Tod und Trauer

Rest verweist ausdrücklich auf die gesellschaftliche Bereitschaft, sich wieder
mit Tod und Trauer auseinanderzusetzen. Dies wird auch in den Lehrplänen
an den Schulen deutlich, wo der Tod wieder einen Platz findet (vgl. Bode,
1998, S. 185). Aufbrechen der Kommunikationshemmungen hinsichtlich der
Thematik des Todes und ein Entziehen der Geheimhaltung sind laut Rest
ebenfalls spürbar. Dass das Sterben von Mitmenschen Kindern vorenthalten
wird, stellt heute eher die Ausnahme als die Regel dar. Es gibt Bestrebungen,

diese Thematiken in die Aus- und Weiterbildung von involvierten Berufsgruppen aufzunehmen (vgl. Rest, 2006, S. 5ff). Auch Kast zufolge ist in den
letzten Jahren ein Aufbruch des Tabus bemerkbar und der Tod als Gesprächsthema gesellschaftsfähig geworden (vgl. Kast, 1999, S. 11).

Entdramatisierung des Todes

Autoren wie Elias gehen davon aus, dass die heutige Sicht des Todes als End-
station des Naturablaufes zu einer Entdramatisierung führt (vgl. Pfeffer,
2005, S. 43). So lässt sich laut Fischer die Tendenz erkennen, dass Menschen
wieder aktiv in den Abschiedsprozess mit einbezogen werden. Zudem ist ein
Rückgang der Angst in Bezug auf diese Thematik feststellbar. Immer mehr
Menschen kleiden ihre Verstorbenen selbst ein, waschen und verabschieden
sie aktiv und überlassen dies nicht mehr »Expertinnen«. Auch werden immer
mehr Tot- und Fehlgeburten bestattet, was ebenfalls auf einen Tabuaufbruch
hindeutet (vgl. Fisher 2001 in Schäfer, 2002, S. 8).

Entinstitutionalisierung und solidarisches Aushalten fremden Sterbens

Rest geht von einem Paradigmenwechsel im gesellschaftlichen Umgang mit
Sterben, Tod und Trauer aufgrund der Bemühungen der Hospiz- und Pallia-
tivbewegung aus. In der Zeit der ersten Hospizgründungen (1960-1970) hatten strukturelle Gegebenheiten zur Institutionalisierung des Sterbens geführt,
den Kontakt von Menschen mit dem Tod eingeschränkt und auf einen späteren Zeitpunkt in der individuellen Lebensbiografie verlagert. Diese Gegebenheiten hatten auch das Todesbewusstsein, den Umgang mit der Symbolik des
Todes sowie die Kommunikation über den Tod verkompliziert. Heute zwingen
uns jedoch wiederum veränderte strukturelle und gesellschaftliche Gegebenheiten zu einem Umdenken in der Handhabung mit dieser Thematik. Solidarisches Aushalten von fremdem Sterben ist inzwischen wieder eine fest ver-
ankerte Größe im Gesundheitswesen. Dies lässt sich an der großen Zahl von
Hospizbewegungen und professionell und ehrenamtlich Tätigen in diesem
Bereich erkennen. Strukturelle Gegebenheiten, sowohl finanzieller als auch
gesellschaftlicher Art, zwingen uns zu einer Entinstitutionalisierung des Sterbens. Das »Zuhause« wird wieder zum Sterbeort (vgl. Rest, 2006, S. 5-10)

und der Tod in die Gesellschaft und das familiäre Umfeld zurückgeführt (vgl. Bode, 1998, S. 60f).

Wiederbelebung von Sterbe- und Trauerritualen

Es ist die Tendenz bemerkbar, dass alte Riten wiederbelebt und neue Umgangsformen entdeckt werden (vgl. Rest, 2006, S. 5f). Das Bedürfnis der Menschen nach einer angemessenen Trauerkultur ist spür- und fühlbar (vgl. Bode, 1998, S. 60f).

Sterben, Tod und Trauer als gesellschaftsrelevante Thematik

Dass die Thematik immer mehr in die Öffentlichkeit rückt, ist nicht zuletzt an der Vielzahl literarischer Publikationen oder beispielsweise an Erinnerungsbereichen auf Friedhöfen für totgeborene oder abgetriebene Kinder spür- und erfahrbar. Menschen werden heute überall mit Todes- und Sterbenserfahrungen konfrontiert, demnach drängt sich ein Todesbewusstsein geradezu auf (vgl. Rest, 2006, S. 5ff). Hierfür spricht unter anderem auch die zunehmende öffentliche Bewusstmachung der Thematik durch Medien, Symposien etc. (vgl. Bode, 1998, S. 60f).

1.1.4 Mediale Einflüsse

Wir werden heute von schmerz- und trauerauslösenden Ereignissen in Medien geradezu überflutet, was eine unmenschliche, abgestumpfte Übersättigung zur Folge hat, und trotzdem oder gerade deshalb erleiden Thematiken wie Sterben, Tod und Trauer ein unglaubliches Tabu, wenn sie unser eigenes Lebensumfeld betreffen (vgl. Canacakis, 2005, S. 194). Der medienverpackte Tod hat nur selten etwas mit der Realität zu tun. So sieht man beispielsweise in verschiedensten Comic-Filmen immer wieder Figuren, die sterben, jedoch bald darauf wieder aufstehen und freudig herumspringen (vgl. Hinderer, Kroth, 2005, S. 10). Die Verdrängungstendenzen hinsichtlich der Thematik des Sterbens und Trauerns haben zu einer enormen Sprachlosigkeit geführt, welche auch nicht durch die ständige Präsenz dieser Thematik in den Medien aufgehoben wird. Diese scheint sogar noch das Gegenteil zu bewirken, da eine menschenwürdige Bearbeitung der unzähligen Bilder über Tod und Trauer weitestgehend fehlt. Der Tod wird als gewaltsames Ende verbunden mit Bildern des Schreckens dargestellt oder als spannungsgeladener Höhepunkt der Unterhaltungsindustrie in die Wohnzimmer transferiert. Durch diese Verbindung des Todes mit Schrecken und Gewalt findet keine Enttabuisierung statt, sondern vielmehr eine Distanzierung von der Thematik. Es werden zudem keine positiven Verarbeitungs- und Bewältigungsstrategien geliefert (vgl. Specht-Tomann/Tropper, 2004, S. 8). Der Mensch wird über die Massenmedien unpersönlich, indirekt und unverbindlich über die verschiedenen Todesarten informiert (vgl. Bessler, 1996, S. 148). Töten wird heute am PC geübt, und so ist es nur nachvollziehbar, dass uns bezüglich dieser Thematik oberflächlich ein dickes Fell gewachsen scheint (vgl. Burgheim, 2006b, S. 46). Die mediale Überflutung der Kinder mit der Thematik des Todes führt dazu, dass diese erschreckenden Vorstellungen über Sterben und Tod entwickeln (vgl. Bode, 1998, S. 49).

»Die Bilder von Leichen bleiben immer noch Bilder.« (Bode, 1998, S. 50)

Die andauernde Präsenz von Leiden, Sterben und Tod in den Medien vermittelt uns Normalität, und Normalität löst selten Betroffenheit aus. Der Tod als über Medien vermittelte Alltäglichkeit ist jedoch für die Mehrheit, bei der keine persönliche Betroffenheit besteht, bloß ein Faktum, ein leerer Begriff (vgl. Patsch, 2006, S. 70f). Die Fernsehzuseherin bleibt immer in der Position der Empfängerin, die ihre Gefühle je nach Bedarf rationalisieren und relativieren kann. Die unmittelbare Erfahrung und somit Tod und Sterben als tatsächliche Normalität bleibt uns hier jedoch vorenthalten. (vgl. Bode, 1998, S. 50f)

1.1.5 Die Rolle von Ritualen in Bezug auf Sterben, Tod und Trauer

»Das Wort Ritual selbst weist uns seinen Ursprung: ›Rta‹ entstammt dem Indogermanischen und bedeutet ›Wahrheit‹ – ›Rita‹ ist ein Sanskrit-Wort und drückt das ›Kosmische Weltgesetz‹ aus.« (Pauls u.a., 2007, S. 19)

Rituale unterscheiden sich von Bräuchen und bloßen Gewohnheiten durch die Verwendung von Symbolen. Es gibt Rituale, die sprichwörtlich von Generation zu Generation weitergegeben werden, aber auch persönliche Rituale, die individuell entwickelt werden und eine individuelle Note ausstrahlen (vgl. Specht-Tomann/Tropper, 2004, S. 188ff).

»Rituale helfen durch symbolische Handlungen, Unfassbares zu begreifen, es sinnhaft werden zu lassen und sich nicht ausgeliefert zu fühlen.« (Hinderer/Kroth, 2005, S. 8)

Ein Ritual weist verschiedene, gleichbleibende Aspekte auf. Diese sind

- Wiederholung: Sowohl auf Inhalte als auch auf eine Handlung bezogen
- Tun: Rituale sind nicht auf Denken oder Aussprechen beschränkt, sondern schließen konkretes Tun mit ein, z.b. das Bemalen des Sarges
- besonderes Verhalten: Abgehoben von gewöhnlicher Verwendung
- Ordnung: Klarer Anfang und klares Ende
- Sinnträchtiger Präsentationsstil: Inszenierung und Fokussierung - Schaffung eines aufmerksamen Bewusstseinszustandes
- Kollektive Dimension: Abhebung aus dem rein persönlichen Erlebnisbereich hinein in eine breite wirksame soziale Bedeutung, Gefühl der Zugehörigkeit, aber auch Gefühl des Anders-Seins
(vgl. Specht-Tomann/Tropper, 2004, S. 188ff)

Darüber hinaus gliedert sich jedes Ritual in drei Stufen mit jeweils typischen Verhaltens- und Erlebensweisen:

- Trennungsphase: Der Schritt vom Alltäglichen in das Besondere. Der Rahmen wird geschaffen, besondere Vorbereitungen getroffen und Kenntnisse weitergegeben. Die Zeit dient der Einstimmung und Vorstrukturierung.
- Schwellen- oder Übergangsphase: Teilnahme am eigentlichen Ritual. Betroffene erleben sich selbst und andere neu und verändert. Es kommt zur neuen Rollenübernahe und Identifikation (z.B. Ehefrau wird zur Witwe).
- Wiederholungsphase: Phase der Reintegration: Menschen werden mit neuem Status wieder in die Gemeinschaft aufgenommen (vgl. Specht-Tomann/Tropper, 2004, S. 190).

Trauerrituale und Bestattungsweisen können als ein Spiegel gesehen werden, wie die Auffassung einer Gesellschaft vom Tod aussieht (vgl. Rohlshoven, 1998, S. 215ff). Rituale in der Sterbephase sollen Betroffene dabei unterstützen, einen gelingenden Übergang in einen anderen Zustand, der häufig als Reich der Toten definiert wird, sicherzustellen (vgl. Student u.a., 2007, S. 68). Rituale in der Trauer können unterstützend auf das Individuum wirken, indem sie Trost spenden und Sicherheit geben. Zudem bieten sie kreatives Potenzial, welches individuelle Gestaltungsmöglichkeiten der Trauer ermöglicht (vgl. Canacakis, 1987, in Schäfer, 2001, S. 79).

Ein strukturiertes Ritual hilft Trauernden, da es gleichermaßen für ein anerkanntes Verhaltensmuster und seelische Tröstung sorgt. Rituale sind für Agnostiker und Gläubige gleichermaßen von Bedeutung, da beispielsweise eine Erinnerungsfeier auch ohne jeglichen kirchlichen Bezug dazu dient, den veränderten Umständen durch Zusammenbringen von Verwandten, Freundinnen und Kolleginnen Rechnung zu tragen und damit die soziale Gruppe wiederherzustellen (vgl. Cook/Phillips, 1995, S. 4f). Rituale, bezogen auf Sterben und Tod, beinhalten zwei wichtige Elemente. Einerseits erzeugen sie um den Tod herum Gemeinschaft und Öffentlichkeit, andererseits wird der Umgang mit dem eigenen Sterben und dem Tod hierbei schon vorbereitet (vgl. Student, 2007, S. 68f). Rituale, unabhängig ob sie allgemeingültig, individuell oder familienbezogen sind, dienen dazu, innere Prozesse durch rituelle Handlungen nach außen sichtbar zu machen, Verwandlungen und Veränderungen zu integrieren und die Bedeutung der besonderen Situation hervorzuheben. Es gibt kulturspezifische Rituale für den Übergang von der einen Lebens- oder Daseinsstufe zur anderen. Gemeinsam ist diesen, dass das Gewesene angesehen und auch beurteilt wird, Verabschiedung stattfindet und somit Raum für Neues geschaffen wird. Besonders hilfreich sind diese Rituale, wenn sie zwar verlässliche, vertraute Muster, aber auch Raum für Spontaneität und Individualität bieten. Rituale sollen für die Gesellschaft und für das Individuum Lebenshilfe darstellen (vgl. Lothrop, 2005, S. 102). Trauerrituale helfen bei der Kontrolle von Emotionen. Den Trauernden werden Räume geschaffen, um sich auszudrücken, ohne die Gefahr zu haben, den Gefühlen völlig ausgeliefert zu sein. Trauerrituale haben eine Reduzierung der Angst zur Folge und unterstützen Betroffene dabei, ihren neuen Status zu definieren und zu festigen (vgl. Fleck-Bohaumilitzky/Fleck, 2008, S. 39). Die zunehmende Verdrängung und Institutionalisierung der Sterbe- und Trauerthematik führt auch zu einem Absterben der Traditionen und Rituale. Bestehende Rituale werden oft als veraltet, gehalt- und bedeutungslos erlebt (vgl. Lothrop, 2005, S. 18). Student beschreibt in seinen Publikationen auch, dass es für die Gesellschaft zunehmend schwer ist, diese tradierten Formen von Ritualen zu verstehen und zu leben (vgl. Burgheim, 2006b, S. 9). Ganz allgemein lässt sich feststellen, dass die Abnahme der Bedeutung von Ritualen mit erhöhter Orientierungslosigkeit einhergeht (vgl. Lothrop, 2005, S. 102). Dementsprechend leiden Kinder, Jugendliche und Erwachsene darunter (vgl. Brocher, 2005, S. 35), und besonders bei Kindern lässt sich ein Hunger nach Ritualen feststellen. Abschiedsrituale werden von Kindern gebraucht und eingefordert (vgl. Specht-Tomann/Tropper, 2004, S. 185). Dieser Leidensdruck ist auch der Grund dafür, dass Rituale, oder besser gesagt die Suche nach neuen, zeitangepassten Formen von Ritualen, derzeit eine wahre Renaissance erfahren. Dies ist auch in der zunehmenden Auseinandersetzung verschiedenster Autorinnen mit dieser Thematik bemerkbar (vgl. Pauls u.a., 2007, S. 10ff).

1.2 Kindertod und Elterntrauer in unserer Gesellschaft

1.2.1 Gesellschaftliche Bedeutung des Todes von Kindern

»Wenn dein Vater stirbt, so hast du deine Vergangenheit verloren. Wenn dein Kind stirbt, so hast du deine Zukunft verloren.« (Dr. Elliot Luby in Schiff, 1986, S. 37)

In unserer modernen Gesellschaft ist der Tod im Gegensatz zur früheren Zeit zu einem Phänomen des Alters geworden. Die soziale Bedeutung des Todes von alten Menschen ist relativ gering, da diese nicht mehr am Erwerbsleben teilhaben, ihre Funktionen als Eltern erfüllt haben und gesellschaftlich am Rande stehen (vgl. Bessler, 1996, S. 148). Der Tod alter Menschen erfüllt uns ebenso mit Trauer, wir können ihn jedoch als Gang des Lebens leichter akzeptieren. Wenn ein Kind stirbt, fehlt das Gefühl des abgerundeten Lebens. Kinder sind ein Versprechen an die Zukunft, stirbt ein Kind, kann diese Zukunft, die wir mit ihm verbinden, nicht gelebt werden. Kinder werden von erwachsenen Menschen mit ausgesprochenen und unausgesprochenen Hoffnungen verbunden. Das Sterben von Kindern erweckt in uns ein Gefühl der Ungerechtigkeit, vielleicht sogar der Wut auf ein Leben, das Kinder sterben lässt. Das unbewusste Wissen, dass auch Kinder sterben können, wird im Allgemeinen verdrängt, und wenn ein Kind stirbt, haben wir den Eindruck, dass etwas nicht stimmt und dass wir vielleicht auch etwas falsch gemacht haben. Der Tod von Kindern wird häufig als Strafe erlebt. Es werden Gründe für diese Bestrafung, eine Macht, die bestraft, und Gründe, warum man diese Strafe verdient, gesucht (vgl. Kast, 2005, S. 161ff).

>Kinder symbolisieren diese Zukunft und deshalb ist ihr Tod viel mehr als nur der persönliche Verlust eines Kindes.« (Brocher, 2005, S. 24f)

Gesamtgesellschaftlich gesehen bedeutet unser menschliches Bedürfnis, Nachkommen in die Welt zu setzen, ein Griff nach dem ewigen Leben. Unsere Gene leben in dem Kind weiter, und wir setzen unsere Hoffnung auf Zukunft in dieses Kind. Ein Kind ist für die Eltern ein Teil des Selbst, eine Quelle der Liebe und Hoffnung, des Vergnügens oder Ehrgeizes, eine Fessel oder Last (vgl. Cook/Phillips, 1995, S. 43f). Generell hat sich die Einstellung zum Kind in unserer Gesellschaft in den letzten Jahrhunderten grundlegend verändert. Kinder haben an Bedeutung gewonnen, und Kindheit an sich wurde zu einer gültigen Lebensphase. Das Kinderkriegen wurde durch moderne Möglichkeiten der Geburtenkontrolle vom Zufall zum Kalkül. Die Beziehung zum Kind ist nicht mehr von Funktionalität, sondern von personalisiertem Kontakt geprägt. Dementsprechend wird heute auch der Verlust eines Kindes anders bewertet als in vergangenen Zeiten (Duss von Werdt, 1996, S. 206ff). Der Tod eines Kindes bedeutet auch immer das Sterben eines Teils der betroffenen Eltern. Sie tragen mit dem Kind auch immer die Träume, Hoffnungen und Vorstellungen, die sie mit diesem Kind verbunden haben, zu Grabe (vgl. Lothrop, 2005, S. 25). Der Tod eines Kindes bedeutet den Zusammenbruch der Lebensentwürfe der Eltern (vgl. Znoj, 2004, S. 18).

>Der Tod eines alten Menschen ist ein schmerzvoller, aber normaler Vorgang. Wenn ein Kind stirbt, dann wird ein Naturgesetz einfach umgedreht. Hier müssen Eltern ihr eigenes Kind begraben.« (Wiese, 2009, S. 43)

Der Tod hat im Kindesalter einen anderen Stellenwert als im Erwachsenenalter. Der Tod eines Kindes ist in unseren Industriestaaten zur Abnormität geworden (vgl. Student u.a., 2007, S. 94). Eltern verstorbener Kinder fühlen sich, als hätten sie gegen ein Naturgesetz verstoßen, weil ihre Kinder vor ihnen verstorben sind (vgl. Harriet, 1986, S. 15). Vor noch nicht allzu langer Zeit waren viele Familien von dem Tod eines Kindes betroffen. Heute ist dank des medizinischen Fortschrittes und des Wohlstands die Sterblichkeit von Kindern in den ersten 14 Lebensjahren in unseren Breitengraden deutlich unter einem Prozent gesunken (vgl. Di Gallo/Bürgin, 2006, S. 79). Impfungen, bessere medizinische Versorgung und Kinderpflege haben dazu beigetragen, dass Kinder im Allgemeinen ein gesundes Aufwachsen erleben (vgl. Kübler-Ross, 2001, S. 11). Der Tod eines Kindes kann von den Bezugspersonen nur schwer oder gar nicht akzeptiert und angenommen werden, da die Weltordnung scheinbar auf den Kopf gestellt wurde und es keine Perspektiven mehr zu geben scheint (vgl. Fleck-Bohaumilitzky/Fleck, 2008, S. 29).

1.2.2 Situationsdarstellung trauernder Eltern in der Gesellschaft

»Vielleicht fühlen Menschen sich niemals einsamer, isolierter, ausgestoßener als Eltern, deren Kind stirbt.« (vgl. Student, 2003, S. 108)

Die Einsamkeit und Isolierung betroffener Eltern beginnt nicht erst mit dem Tod des Kindes, sondern bereits, wenn diese erfahren, dass ihr Kind an einer lebensbedrohlichen Erkrankung leidet. Denn zu diesem Zeitpunkt beginnen auch alle psychosozialen Mechanismen, die letztlich zur Isolation führen (vgl. Student, 2003, S. 108). Generell werden alle Beziehungen zu den engsten Mitmenschen und Freunden durch eine Katastrophe, wie den Tod eines Kindes, auf die Probe gestellt (vgl. Voss-Eiser, 2005, S. 185). Ein trauernder Mensch erlebt, dass er von der Umwelt plötzlich anders behandelt und im schlimmsten Fall tabuisiert wird. So kommen zur eigentlichen Trauer noch Einsamkeit und das Gefühl, nicht mehr dazuzugehören, dazu. Die Welt tritt einer Trauernden anders gegenüber, aber auch der betroffene Mensch erlebt diese Welt anders. Die Trauernde sieht sich selbst in einem Zirkel der Isolierung, Angst und Weltentfremdung (vgl. Kast, 1999, S. 23). Die Schwierigkeit der Isolation ist es insbesondere, dass ein Ventil fehlt, um diese zum Ausdruck zu bringen (vgl. Kübler-Ross/Kessler, 2006, S. 107). Laut Aries zeigt sich die gesellschaftliche Verdrängung der Trauer darin, dass alles getan wird, um Trauernde schnellstmöglich wieder zur Rückkehr zur Normalität zu bewegen (vgl. Student u.a., 2007, S. 135). Auch Kübler-Ross beschreibt in ihren Publikationen, dass die in einer Trauerverarbeitung als normal anzusehende depressive Phase in unserer derzeitigen Gesellschaft nicht oder nur schwer akzeptiert wird (vgl. Kübler-Ross/Kessler, 2006, S. 37). Emotionale Gefühlsbekundungen und die damit einhergehenden Gefühle wie Wut, Verzweiflung, Hass und Protest gehören in unserer Welt zu den exotischen Verhaltensrepertoires (vgl. Canacakis, 2005, S. 194). Hinsichtlich der Trauer herrschen in der

Gesellschaft teils sehr rigide Vorstellungen. So gehen die meisten Menschen davon aus, dass es am besten sei, den Verstorbenen möglichst bald nach der Beerdigung nicht mehr zu erwähnen (vgl. Bode, 1996, S. 160). In den Tröstungsversuchen der Umwelt spiegelt sich oft die eigene Hilflosigkeit wider. Bemerkungen, wie jene, dass der Tod für das Kind eine Erlösung war, helfen den Eltern nicht, sondern stürzen sie in zusätzliche Verzweiflung, da sie sich unverstanden und alleingelassen fühlen (vgl. Huber, 2003, S. 66). Nicht zuletzt aufgrund dieser verzweifelten Versuche, Trost zu spenden, versiegen mit der Zeit viele Kontakte, die vor dem Tod des Kindes eng und wichtig waren (vgl. Hohn, 2008, S. 93). Es führt überdies dazu, dass sich verwaiste Eltern wie Störenfriede im sozialen Gefüge fühlen, denn Traurigkeit hat im Alltag auf Dauer nichts zu suchen (vgl. Hohn, 2008, S. 93). In der Gesellschaft gilt es als Stärke, wenn die Trauer schnellstmöglichst überwunden wird (vgl. Kast, 1999, S. 93). Die Trauerphase wird in unserer Gesellschaft auf ein Minimum, die Zeit um Tod und Beerdigung, reduziert, wobei jede Verlängerung als krankhaft und ungesund angesehen wird (vgl. Cook/Phillips, 1995, S. 5f). Auch andere gesellschaftliche Maximen, wie jene, dass über einen Toten nichts Schlechtes gesagt werden darf, verkomplizieren den Trauerprozess (vgl. Kast, 1999, S. 94). Deshalb ist laut der Psychologin Kast eine wichtige Anforderung an unsere Zeit:

»Trauern darf nicht länger als ›Schwäche‹ betrachtet werden, sondern es ist ein psychologischer Prozess von höchster Wichtigkeit für die Gesundheit eines Menschen.« (Kast, 1999, S. 21)

Zusammenfassend kann hier festgestellt werden, dass die derzeitige Auseinandersetzung mit Sterben, Tod und Trauer von Tendenzen wie Verdrängung, Privatisierung, Tabuisierung und Idealisierung gekennzeichnet ist und zudem eine angstbesetzte Thematik darstellt. Die Rückkehr zu althergebrachten Formen des Umgangs und der Bewältigung wäre jedoch eine zu einfache und wenig nachhaltige Lösung, da sich bei näherer Betrachtung erkennen lässt, dass diese auch von vielen gesellschaftlichen Zwängen und Einengungen gekennzeichnet waren. Generell lässt sich beobachten, dass viele gesellschaftliche und wirtschaftliche Gegebenheiten uns in nächster Zeit zu einer radikalen Änderung im Umgang mit Sterben, Tod und Trauer zwingen werden. Die Rolle von Ritualen stellte sich als äußerst bedeutsam heraus, wobei alte Rituale jedoch als zunehmend veraltet, gehalt- und bedeutungslos erlebt werden, und die Suche nach neuen, zeitangepassten im Vordergrund steht. Hinsichtlich der besonderen Situation des Todes von Kindern stellte sich heraus, dass uns der frühe Tod vor besondere gesamtgesellschaftliche Herausforderungen stellt, welche zur verstärkten Isolierung und Einsamkeit Betroffener führen können. Auf die Situation dieser betroffenen Personengruppen wird in den folgenden Kapiteln Bezug genommen.

2 Sterbende Kinder

Ein Einblick in die Lebens- und Erlebenswelt sterbender Kinder soll den Schwerpunkt dieses Kapitels darstellen. Zunächst wird die altersabhängige Entwicklung des Todeskonzeptes geschildert, um darauf folgend den Sterbe- und Trauerprozess von Kindern mit den damit einhergehenden Bedürfnissen, Empfindungen und Ängsten und möglichen Formen einer Begleitung zu erörtern.

2.1 Entwicklung des Todeskonzeptes

Ein Verständnis für die Entwicklung des Todeskonzeptes stellt die Voraussetzung für eine adäquate Begleitung von schwerstkranken sterbenden Kindern und Jugendlichen dar. Eine Begleiterin muss wissen, wie sich das jeweilige Kind Tod und Sterben vorstellt, um Einblick in die Ängste und Bedürfnisse des betroffenen Kindes zu bekommen.

Zunächst ist festzuhalten, dass jedes Kind im Verlauf seines Lebens Erfahrungen mit Vergänglichkeit (verwelkende Blumen), Abschied (das Wegziehen eines guten Freundes) und Tod (das geliebte Haustier stirbt) macht. Jedes Kind erlebt diese Verluste auf seine spezielle und ganz besondere Weise (vgl. Specht-Tomann/Tropper, 2004, S. 59). Deshalb darf das kindliche Todeskonzept des Individuums immer nur als Orientierungshilfe und Anhaltspunkt verstanden werden, und es bedarf einer Berücksichtigung der speziellen Lebensbiografie und Persönlichkeitsstruktur des Kindes (vgl. Burgheim, 2005, S. 253). Neben dem jeweiligen Alter des Kindes sind die vorherrschende Kultur, der religiöse Einfluss mit den jeweils speziellen Vorstellungen über Leben und Tod und natürlich die engere Umwelt, also die Herkunftsfamilie und der Freundeskreis, weitere relevante Einflussfaktoren auf die Art und Weise des Erlebens und Verarbeitens von Verlusten (vgl. Specht-Tomann/Tropper, 2004, S. 59).

Die Voraussetzung für das Entstehen eines individuellen Todeskonzeptes stellt eine geistig normale Entwicklung dar, im Rahmen derer Kinder verschiedene Stufen durchlaufen und sich langsam an die typischen Denkstruk-

turen Erwachsener herantasten (vgl. Specht-Tomann/Tropper, 2004, S. 59).
Es müssen mehrere kognitive Fähigkeiten vorhanden sein, damit ein Kind
den Begriff des Todes begreifen kann. Entscheidend ist hierbei:

- ob ein Kind bereits in der Lage ist, zwischen belebten und nicht belebten Dingen unterscheiden zu können
- ob es einen Zugang zum Zeitbegriff in Bezug auf sein eigenes Leben hat, also zwischen gestern, heute und morgen unterscheiden kann
- ob das betroffene Kind zwischen den Ereignissen der Vergangenheit, Gegenwart und Zukunft unterscheiden kann
- ob es einen Zusammenhang zwischen Ursache und Wirkung herstellen kann (vgl. Specht-Tomann/Tropper, 2004, S. 66)

Wissenschaftliche Arbeiten haben zudem gezeigt, dass folgende vier Dimensionen in der Entwicklung des Todeskonzeptes eine dominante Rolle spielen.

- Nonfunktionalität

Diese Begrifflichkeit beschreibt das Verständnis des Zusammenhangs zwischen dem Leben und den funktionierenden Körperfunktionen und dem Tod und dem Aussetzen dieser Funktionen.

- Irreversibilität

Das Verständnis, dass der Tod, wenn er einmal eingetreten ist, nicht mehr rückgängig gemacht werden kann.

- Universalität

Die Einsicht, dass alle, sowohl Pflanzen, Tiere als auch Menschen, einmal sterben müssen.

- Kausalität

Dieser Begriff meint das Verständnis, dass die Ursachen des Todes biologisch begründbar sind (vgl. Specht-Tomann/Tropper, 2004, S. 66).

Ein Verständnis dieser vier Dimensionen ist Voraussetzung, um die Begrifflichkeit des Todes in ihrem Gesamtsinn zu verstehen (vgl. Specht-Tomann/Tropper, 2004, S. 66).

»In jedem Stadium ihres Lebens machen Kinder ihre ganz eigenen Erfahrungen.
Sie denken jeweils anders über den Tod nach, stellen jeweils andere Fragen und
finden jeweils andere Antworten.« (Specht-Tomann/Tropper, S. 68)

Das Verstehen der Begriffe Tod und Sterben ist immer von den kognitiven Fähigkeiten und dem Entwicklungsstand des Kindes abhängig, deshalb wird in den folgenden Unterkapiteln der geistige Entwicklungsvorgang verknüpft mit der jeweiligen Auffassung des Todesbegriffs dargestellt.

In der Begleitung schwerstkranker sterbender Kinder muss immer bedacht werden, dass diese wesentlich reifere Vorstellungen über das Sterben haben als gesunde Gleichaltrige und bereits ab einem sehr frühen Alter (ab der sensomotorischen Stufe - Säuglinge bis zum 2. Lebensjahr) über ihren bevorstehenden Tod Bescheid wissen (vgl. Burgheim, 2005, S. 229).

2.1.1 Kinder bis zum sechsten Lebensjahr

Kinder bis zum Vorschulalter machen noch keinen Unterschied zwischen belebten und unbelebten Gegenständen. Bei einem Kind dieser Altersstufe herrscht das anthropomorphistische Denken, eine starke Tendenz zum Vermenschlichen, vor, und so schreibt es einem Gegenstand, wie zum Beispiel einem Sessel, ähnliche Eigenschaften wie einem Menschen zu. Der hingebungsvolle Glaube an das Christkind oder Feen und Zauberer lässt sich durch die Tendenz zum magischen Denken in dieser Altersstufe erklären. Veränderungen an Menschen oder Dingen erhalten nur dann Wirklichkeitscharakter, wenn das Kind auch Zeuge dieser Veränderungen geworden ist. Es handelt sich hierbei um ein prälogisches (vorlogisches) Denken. Auch eine stark egozentrische Denkweise des Kindes lässt sich in diesem Entwicklungsabschnitt feststellen. Das Vorschulkind sieht sich selbst als Mittel-, Dreh- und Angelpunkt der Welt. Diese Denkweise führt zu einer hohen gefühlsmäßigen »Besetzung« der Umwelt. Die Umwelt hat für das Kind einen physiognomischen Charakter und wird gefühlsmäßig als gut oder böse begriffen. So können Orte oder Ereignisse, wie beispielsweise ein Krankenhaus oder eine Erkrankung, stark negativ besetzt und mit Strafe, Einsamkeit oder anderen negativen Gefühlen verbunden werden. Angst, welche beispielsweise im Zusammenhang mit Aufenthalten im Krankenhaus hervorgerufen wird, kann lang anhaltende Spuren im emotionalen Gedächtnis hinterlassen und auch im späteren Leben wieder neu belebt werden (vgl. Specht-Tomann/Tropper, 2004, S. 60ff). Die Auswirkungen auf das Verständnis des Todesbegriffes sind nun folgende: Bei Kindern bis zu zwei Jahren kann ein Begriff wie »kaputt« eventuell verstanden werden, aber der Zustand »tot« kann weder mit Vorstellungen noch mit einem Begriff verbunden werden (vgl. Glanzmann/Bergsträßer, 2001, S. 68). Die Endgültigkeit des Todes kann nicht erfasst werden. Tod wird von Kindern unter drei Jahren als bedrohende Abwesenheit von etwas erfasst. In dieser Altersspanne muss beachtet werden, dass Kinder aber sehr wohl die Empfindungen, so auch die Trauer der Bezugspersonen, miterleben und Veränderungen wahrnehmen. Durch das Unvermögen der Kinder, ihren Gefühlen sprachlich Ausdruck zu verleihen, entsteht bei Erwachsenen fälschlicherweise der Glaube, dass das Verlustereignis das Kind nicht berührt (vgl. Specht-Tomann/Tropper, 2004, S. 60ff und Ennulat, 2003, S. 20). Ab dem dritten Lebensjahr spielt der Tod eine große Rolle in der Gefühlswelt, hat jedoch noch immer keinen Raum im Denken der Kinder, da die Endgültigkeit und Irreversibilität noch immer nicht fassbar ist, und Tod als vorübergehender Zustand oder auch Schlafzustand begriffen wird (vgl. Specht-Tomann/Tropper, 2004, S. 71 und Hinderer/Kroth, 2005, S. 29). Deshalb ist auch der Umgang mit dem Wort Tod noch relativ ungezwungen. Tod und Totsein werden als Begriffe oft in Spiele wie Krankenhaus, Krieg, Unfall oder Beerdigung integriert oder benutzt, um kindlichen Unmut auszudrücken. Kinder dieser Altersgruppe verfolgen Spuren des Todes in der Natur oft mit großem Interesse, es bleibt für sie jedoch ein Ereignis, das nie sie selbst betreffen könnte. Tod und Sterben ist für drei- bis fünfjährige Kinder stark mit Alter und Alt-sein verbunden. Je näher das Kind dem Schulalter kommt, desto eher ist es in der Lage, die Endgültigkeit des Todes in Ansätzen zu begreifen. Das vorherrschende magische Denken führt dazu, dass es bei Kindern zu großen Schuldgefühlen kommen kann, wenn ein Angehöriger stirbt und das Kind zuvor etwas »Böses« zu demjenigen gesagt oder über ihn gedacht hat. Ein Kind dieser Altersstufe nimmt alles, was ihm seine Umgebung erklärt, sehr wörtlich, deshalb muss mit Umschreibungen des Todes (»einschlafen«, »vorausgegangen«) vorsichtig umgegangen werden, da diese verwirren und Ängste hervorrufen können (vgl. Specht-Tomann/Tropper, 2004, S. 71ff).

2.1.2 Kinder zwischen dem sechsten und zehnten Lebensjahr

In dieser Altersstufe entwickelt das Kind das Bedürfnis, bisher gemachte Erfahrungen einzuteilen und zu kategorisieren. Es kommt zum Entdecken von Gesetzmäßigkeiten und der Bedeutung von Regeln. Ein beispielsweise siebenjähriges Kind hat zudem das große Bedürfnis dazuzugehören, teilzunehmen und Aufgaben übertragen zu bekommen. Dies muss unter anderem in der Begleitung und im Umgang mit Geschwisterkindern beachtet werden. Dem Bedürfnis kann mit der Übertragung von kindgerechten Aufgaben in der Pflege und Versorgung des kranken Kindes begegnet werden. Das egozentrische Weltbild tritt in dieser Phase zunehmend in den Hintergrund. Es kommt zu einem realistischeren Zugang zur Welt (naiver Realismus), der dem Kind ermöglicht, zwischen Phantasie und Realität zu unterscheiden. Das Denken wird als operativ oder anschaulich bezeichnet, wobei der Schluss von der individuell erlebten hin zur allgemein gültigen Situation noch schwer fällt. Am Ende der Grundschulzeit erfolgt der Übergang zum kritischen Realismus. Das Kind interessiert sich nun auch für Dinge, die außerhalb seiner Person und seines engsten Umfeldes liegen. Auch das historische Bewusstsein erwacht nun. So wie das kindliche Denkmuster im Vorschulalter durch »Wenn-dann-Muster« geprägt ist, herrscht jetzt das Denken in »Weil-deshalb-Schlüssen« vor. Das Kind hat das Bedürfnis, Zusammenhänge zu erkennen, und fängt an, eigenständige Theorien zu entwickeln. Erste formale Denkoperationen werden möglich (vgl. Specht-Tomann/Tropper, S. 62ff und 75). Nun setzt ein allmähliches Begreifen der Endgültigkeit des Todes ein. In dieser Altersstufe wird der Tod oft als Bestrafung erlebt, personifiziert (Sensenmann) und kann nun auch auf die eigene Person bezogen werden. Tot sein bedeutet für das Kind nicht mehr essen, atmen und keinen Herzschlag mehr zu haben. Kinder können die Tatsache des Todes begreifen, dies bedeutet jedoch nicht, dass sie in der Lage sind, dies auch emotional zu akzeptieren und mit den daraus resultierenden Verlusten umzugehen. Es findet ein Hin- und Herpendeln zwischen der realen Einschätzung und Phantasievorstellung früherer Jahre statt. Das gewonnene Wissen um den Tod führt nun auch zu einer zunehmenden Scheu vor ihm. Ein Kind dieser Altersstufe beschäftigt sich schon mit der Leib-Seele-Problematik und entwickelt erste Unsterblichkeitsgedanken, welche bis in die Pubertät erhalten bleiben. Durch den realistischen Zugang zu der Thematik des Todes kann es zur Entwicklung von vielfältigen Ängsten kommen (vgl. Specht-Tomann/Tropper, 2004, S. 75f und Ennulat, 2003, S. 21).

2.1.3 Kinder zwischen dem zehnten und vierzehnten Lebensjahr

In dieser Zeit verändert sich das gesamte Weltbild des Kindes, und es sieht sich einem Ansturm von Gefühlen und Bedürfnissen ausgesetzt. Das formale Denken, also die Fähigkeit, auf längere Sicht etwas zu planen und zu organisieren, entwickelt sich in dieser Phase kontinuierlich. Der junge Mensch ist nun fähig, Verantwortung zu übernehmen und in verschiedenen Situationen rasch und adäquat zu reagieren. Ebenfalls kennzeichnend für diese Periode ist, dass ein/e Kind/Jugendliche dieser Altersphase in der Lage ist, sein/ihr Denken auf die Zukunft zu richten. Das zentrale Thema dieser Zeit ist jedoch die Entwicklung eines Wertesystems und die Selbstfindung (Specht-Tomann/Tropper, S. 64ff). Die Vorstellungen, Gefühle und inneren Bilder vom Tod werden nun denjenigen der Erwachsenen immer ähnlicher. Tod wird nun als unausweichliches, abschließendes und endgültiges Ereignis begriffen. Der gedankliche Zusammenhang zwischen Tod und Alter bleibt jedoch bis weit ins Jugendalter erhalten. Tod wird von Jugendlichen in der Vorpubertät jedoch auch mit der Chance eines Neubeginns assoziiert und als Inbegriff der Wandlung und Möglichkeit einer Wiedergeburt gesehen. Die generell schwankende Gefühlslage führt auch zu einer schwankenden Einstellung gegenüber Sterben und Tod, die von kühler Unberührtheit und Sachlichkeit bis hin zum Zynismus reichen kann. An der Schwelle zum Erwachsensein gewinnt das Thema Tod eine neue Dimension. Das individuelle Todeskonzept wird neu geordnet, überdacht und mit Ideen der verschiedenen Religionen und philosophischen Schulen verglichen (vgl. Specht-Tomann/Tropper, 2004, S. 78ff und Rest, 2006, S. 153).

2.2 Trauer-und Sterbeprozess

»Wenn ich tot bin, liege ich in einem Sarg. Dort ist es ganz dunkel. Auch die Hasen sterben, die Vögel – und überhaupt alle Tiere, wenn sie alt sind. Auch unser Hund Tino ist gestorben. Er war sehr krank. Aber nur wir Menschen bekommen einen Sarg. Ich möchte Blumen auf meinem Grab.« [1] (Specht-Tomann/Tropper, 2003, S. 103)

---

[1] Aussage eines achtjährigen betroffenen Mädchens

Wissenschaftlerinnen, Forscherinnen und auf dem Gebiet der Sterbebegleitung Tätige gehen davon aus, dass Kinder in der Regel über ihren bevorstehenden Tod Bescheid wissen. Elisabeth Kübler-Ross spricht in ihren Publikationen davon, dass bereits drei- bis vierjährige Kinder in verbaler oder nonverbaler Symbolsprache über ihren bevorstehenden Tod sprechen (vgl. Kübler-Ross, 2000, S. 68). Kinder wissen oft zwar nicht bewusst, aber intuitiv über den Ausgang ihrer Erkrankung Bescheid und erkennen, wenn sie dem Tode nahe sind (vgl. Kübler-Ross, 2003, S. 15). Es handelt sich dabei meist um ein vorbewusstes Wissen, das teils in Zeichnungen oder auch in verschriftlichter Form, wie Gedichten, zum Ausdruck kommt (vgl. Kübler-Ross, 2003, S. 175).

2.2.1 Sterben als prozesshaftes Geschehen

»Zwischen Anfang und Ende liegt oftmals ein beschwerlicher Weg von Trennung und Verlust mit Haltungen der Abwehr, mit Gefühlen der Wut, Schuld, Angst und Verzweiflung, mit Depression, mit Zeiten des Haderns gegen das Schicksal usw.« (Stähli, 2004, S. 135)

Der endgültige Tod wird eingeleitet durch die vielen kleinen Tode, die ihm voraus gehen. Sterbende Kinder und Jugendliche müssen Stück für Stück Abschied nehmen von allem, was in unserer Gesellschaft hoch besetzt ist: Von ihrem Freundeskreis, ihrer Schönheit, ihrer Gesundheit und von ihrer gesamten erhofften Zukunft. Ein Gefühl des Auflösens entsteht, und der Prozess wirkt von außen wie der Niedergang der Persönlichkeit. Sterben und Tod kann aber auch positiv als ein Prozess permanenter Wandlung gesehen werden (vgl. Wellendorf, 2005, S. 58f). Trauerprozesse werden zunächst nur in Bezug auf die Angehörigen bedacht, aber Trauer findet auch bei Sterbenden statt. Sterbende Kinder müssen viele Dinge betrauern, seien es die Nicht-Erfüllung von Zukunftsplänen oder auch den drohenden Verlust von Familie und Freunden. Sterben ist wie die Trauer ein Prozess, in welchem das sterbende Kind mit neuen unbekannten und fremden Erfahrungen konfrontiert wird (vgl. Stähli, 2004, S. 135). Bei Kindern und Jugendlichen ist das Traurig-Sein in diesem Prozess oft konkret auf etwas Bestimmtes bezogen, wie zum Beispiel darauf, nicht mehr die Möglichkeit zu haben, den Kindergarten besuchen zu können, die Katze zu streicheln, nicht mehr die Oma besuchen zu dürfen oder einfach nicht mehr die Möglichkeit zu haben, im eigenen Bett zu schlafen (vgl. Specht-Tomann/Tropper, 2004, S. 99). Der Sterbeprozess ist individuell verschieden und unter anderem auch abhängig von der Krankengeschichte, den Interaktionen während der Erkrankung und davon, wie das Individuum auf Stress reagiert (vgl. Fitzgerald/Toplak, 1994, S. 67).

Der Sterbe- und Trauerprozesses wird in der Literatur meist als Phasenmodell beschrieben. Darin lässt sich die Bemühung der Sozialwissenschaft bemerken, Lebenszusammenhänge nach Gesetzmäßigkeiten zu erforschen. Die Phasenmodelle erfüllen laut Burgheim vor allem den Sinn, dass die Menschen durch die Beschreibung der einzelnen Phasen, die scheinbar viele Menschen auf ähnliche Weise erleben, die Gewissheit bekommen, dass ihre Gefühle durchaus normal sind (vgl. Burgheim, 2005, S. 107).

»Den Helfern geben die Phasen Hinweise, wie Menschen sich in dieser Zeit fühlen, was in den jeweiligen Situationen angemessen ist und was besser zu unterlassen wäre, auch mit welchen Reaktionen des Trauernden zu rechnen ist.« (Burgheim, 2005, S. 108)

Fitzgerald und Toplak beschreiben Bezug nehmend auf Lindley-Davis vier Arten des Sterbens. Es wird unterschieden zwischen dem sozialen Sterben (Abgrenzung zu anderen Personen, Rückzug), dem psychischen Sterben (Akzeptanz des Sterbens, Rückzug), dem biologischen Sterben (Schwinden des Bewusstseins) und dem körperlichen Sterben (Versagen der vitalen Organe). Yorik Spiegel nähert sich dem krisenhaften Prozess des Trauerns anhand eines vierstufigen Modells (Schock, Eigen- und Fremdkontrolle, Regression und Adaption) an, ebenso wie Colin Murray Parkes (Periode der Betäubung, Phase der Sehnsucht, Phase der Desorganisation und Verzweiflung, Phase der Reorganisation des Verhaltens). Auch die schweizerische Psychologin Verena Kast beschäftigt sich mit den Phasen des Trauerprozesses. Auf sie und ihre Ausführungen werde ich in Kapitel 3.2.3 noch zurückkommen (vgl. Burgheim, 2005, S. 109).

Es gibt jedoch auch Zugänge, wie jenen von James William Worden, die den Sinn von Stufen und Phasen anzweifeln und sich für andere Zugangsformen, wie jenen des Aufgabensatzes, entscheiden (vgl. Burgheim, 2005, S. 109). Auch Anja Wiese deutet in ihrer Publikation an, dass sie im Gesprächsaustausch mit Kollegen und Kolleginnen festgestellt habe, dass Modelle von

Trauerphasen in der praktischen Begleitung von trauernden Menschen eine eher untergeordnete Rolle spielten (vgl. Wiese, 2009, S. 30).

2.2.2 Fünf-Phasen-Modell nach Kübler Ross

Im Folgenden möchte ich den Trauer-und Sterbeprozess von schwerstkranken Kindern anhand des Phasenmodells der Sterbeforscherin Elisabeth Kübler-Ross darstellen, da dieses Modell sehr bekannt und auch anerkannt ist. Bei der Verwendung muss jedoch immer beachtet werden, dass das Leben ein dynamischer Prozess ist, und dieses Modell nur als Raster dienen soll, welches hilft, uns selbst zu betrachten und einzuordnen. Die Phasen dürfen nicht als geradlinig zu bewältigende Stufen gedacht werden. Viel eher können sie als Spirale wahrgenommen werden, in jener es innerhalb von kurzer Zeit von oben nach unten oder umgekehrt gehen kann. Es handelt sich um die Umwandlung seelischer Zustände, in dessen Prozess verschiedene Phasen auch gleichzeitig auftreten können (vgl. Burgheim, 2005, S. 107). Die einzelnen Phasen müssen nicht genau in dieser Reihenfolge auftreten, und manche Phasen können sich auch wiederholen. Die Bedürfnisse, Verhaltensweisen, die Kommunikation und Gefühle verändern sich je nach Phase (vgl. Fitzgerald/Toplak, 1994, S. 14f). Das Durchleben des Sterbeprozesses setzt natürlich voraus, dass dem sterbenden Menschen Zeit zur Verfügung steht. Elisabeth Kübler-Ross fasst die von ihr an Patientinnen beobachteten seelischen Mechanismen zur Bewältigung einer Periode tödlicher Erkrankung in Phasen des Nicht-Wahrhaben-Wollens, Zorn, Verhandeln, Depression, Zustimmung und Akzeptanz zusammen (vgl. Kübler-Ross, 2001, S. 62ff).

In einer Studie mit 200 Patienten, welche Kübler-Ross in ihrer Publikation *Interviews mit Sterbenden* veröffentlichte, stellte sie fest, dass schwerkranke Patienten in der Regel auf die Erkenntnis des letalen Verlaufes ihrer Erkrankung zunächst mit Nicht-Wahrhaben-Wollen und Unglauben reagieren. Das Nicht-Wahrhaben-Wollen kann als schonender Puffer zwischen der Patientin und ihrem Entsetzen über die Diagnose gesehen werden. Es gibt der Patientin Zeit, sich zu fangen und andere Wege zur inneren Verteidigung zu suchen. Das Nicht-Wahrhaben-Wollen ist meist eine vorübergehende Phase, die ziemlich schnell von einer zumindest teilweisen Akzeptanz des tödlichen Verlaufes abgelöst wird (vgl. ebd.).

Nach Bewältigung dieser Phase gelangt die Patientin in jene des Zorns, in welcher Aggression, Groll, Neid und Wut vorherrschen. Die Frage: »Warum gerade ich?« steht nun im Mittelpunkt. In dieser Phase bekommen alle Betreuerinnen, Ärztinnen und Schwestern, aber auch die Eltern und Geschwister diese Wut zu spüren (vgl. ebd.). Das Kind sieht sich selbst vom Leben ausgeschlossen. Andere Kinder können in die Schule gehen, Freunde besuchen und auf dem Spielplatz toben. Das schwerkranke Kind muss im Krankenhaus liegen, darf vielleicht das Bett nicht verlassen und muss schmerzhafte Prozeduren über sich ergehen lassen. Wird der Zorn des Kindes persönlich genommen, bekommt der Groll immer neue Nahrung. Nimmt sich jedoch das Personal Zeit und begegnet dem Kind aufmerksam, hilft man ihm, diese Phase zu überwinden (vgl. Kübler-Ross, 2001, S. 79).

Die dritte Phase ist jene des Verhandelns. In dieser Phase wird versucht, durch Verhandeln mit einer göttlichen Gestalt oder den Ärztinnen das Unvermeidliche hinauszuzögern (vgl. Kübler-Ross, 2001, S. 119ff). Die Patientinnen geben sehr oft ein Versprechen ab, um im Gegenzug dafür ein bisschen Lebenszeit zu erhalten. Oberflächlich gesehen scheint es, als habe der Patient Frieden geschlossen, dies trügt jedoch, da es sich nur um eine Art Waffenstillstand handelt (vgl. Kübler-Ross, 2001, S. 53).

Danach weicht dieses Verhalten dem Gefühl eines schrecklichen Verlustes. Die Patientin befindet sich nun in der Phase der Depression. Zunächst trauert die Patientin reaktiv, also um das bereits verlorengegangene, z.B. den Besuch der Schule, das amputierte Bein, die Möglichkeit, die Haustiere um sich zu haben. Danach kommt das Kind in eine Art der vorbereitenden Trauer und betrauert seinen eigenen bevorstehenden Tod. Natürlich kann es hilfreich sein, das Kind aufzuheitern und ihm beispielsweise zu zeigen, dass die Eltern ohne das Kind weiterleben können. Dem Kind muss diese Phase der Vorbereitung und Depression jedoch auch gestattet werden. Das kranke Mädchen, der kranke Bub muss trauern und seinen Schmerz ausdrücken dürfen, um sich leichter mit ihrem/seinem Schicksal abfinden zu können. Diese zweite Phase der Depression verläuft sehr still. Es ist für das Kind sehr hilfreich, wenn die Eltern oder Begleiterinnen einfach anwesend sind und ihm vermitteln, dass sie seinen Schmerz kennen und teilen (vgl. Kübler-Ross, 2001, S. 119ff).

Wenn das Kind lange genug Zeit hat und in seiner Umgebung Unterstützung findet, kann es all die vorangegangenen Phasen überwinden und die Phase der Zustimmung erreichen. Das Kind nimmt seinen Tod nicht mehr niedergeschlagen oder zornig hin, es hat den drohenden Verlust geliebter Menschen, Orte und Dinge hingenommen und sieht dem Ende mit mehr oder weniger ruhiger Erwartung entgegen. Das Kind ist nun meist schon sehr schwach und schläft sehr viel. Es hat nun ein gewisses Maß von Frieden und Einverständnis erreicht. Dies darf nicht als ein glücklicher Zustand, sondern als ein fast gefühlsfreier begriffen werden. In der Kommunikation zählen nun die Gesten mehr als Worte, und oft fordert nur eine Handbewegung den Besucher zum Bleiben auf (vgl. ebd.). Dass das Stadium des Annehmens erreicht wurde, bedeutet jedoch nicht automatisch, dass der Tod unmittelbar bevorsteht. Es bedeutet die Akzeptanz der Endlichkeit des Lebens und die Einsicht, sich nicht mehr allzu große Sorgen um das Morgen zu machen, sondern die noch übrige Zeit zu genießen. Kübler-Ross definiert den Zustand des Annehmens als ein positives Sich-Abfinden mit unveränderbaren Dingen (vgl. Kübler-Ross, 2000, S. 64f).

2.2.3 Die Endphase

>>Ja, jetzt ist alles gut. Mami und Peter warten schon auf mich<<![2] (Kübler-Ross, 2003, S. 266f)

Kübler-Ross bemerkte in ihrer Arbeit mit sterbenden Kindern und Jugendlichen, dass diese kurz vor ihrem Tod >>einen Augenblick der Klarheit<< erfahren. Sie beobachtete, dass im Koma liegende Kinder ihre Augen nochmals aufschlugen und auch zusammenhängend sprechen konnten. Schmerzen und Beschwerden traten in diesen Momenten oder Stunden nicht mehr so stark in den Vordergrund. Des Weiteren war es für sie während der Sammlung ihrer Daten auffallend, dass jedes Kind davon sprach, dass jemand auf sie/ihn wartete (vgl. Kübler-Ross, 2003, S. 266f). Die letzten Stunden sind meist friedlich und ruhig, nur wenige Kinder kämpfen in diesen Momenten noch. Die Atmung wird zunehmend schwer, Speichel und Schleim kann in der Schwäche nicht mehr geschluckt werden, die Atmung wird immer langsamer, gleitet in

---

[2] Aussage eines sterbenden Kindes, dessen Mutter und Bruder noch am Unfallort verstorben waren.

ein Hauchen über und endet schließlich im letzten Atemzug. Die Angehörigen und Umstehenden konzentrieren sich auf diese Atmung und erleben ihr Versiegen mit. Die meisten Eltern halten ihr Kind im Arm, streicheln es, sprechen ihm beruhigende Worte zu und machen ihm Mut für den weiteren Weg. Es ist für das Kind außerordentlich wichtig, dass die Eltern ihm zu verstehen geben, dass es genug gekämpft hat und es in Ordnung ist, wenn es jetzt tatsächlich gehen muss (vgl. Glanzmann/Bergsträßer, 2005, S. 99 und 106).

> »Die Eltern von Max (6) erinnern ihn in der Sterbestunde an seinen Mut, als er im Schwimmbad vom Drei-Meter-Brett gesprungen ist. Sie sagen: › Spring, Maxi, wie vom Drei-Meter-Brett, du kannst es. Du machst es gut‹ Sie haben das Vertrauen und vermitteln ihm, dass er aufgefangen wird. Die Mutter lässt ihn wissen: ›Du musst nicht bei mir bleiben, es ist nur wichtig, dass es dir gut geht.‹« (Ritter, 2003, S. 28)

2.3 Bedürfnisse, Empfindungen und Ängste sterbender Kinder

2.3.1 Bedürfnisse

> »Wünsche nach Geborgenheit, Wärme, Nähe, nach Zeit des anderen und nach Geduld stehen im Vordergrund.« (Fitzgerald/Toplak, 1994, S. 19)

Franco Rest beschäftigte sich intensiv mit den Bedürfnissen sterbender Menschen und lehnte sich dabei an die Bedürfnishierarchie nach Maslow an. Laut Rest besteht bei Sterbenden der Wunsch nach Befriedigung der Bedürfnisse des Körpers, nach Sicherheit, Achtung, Liebe und Selbstverwirklichung in genau dieser Reihenfolge (vgl. Burgheim, 2005, S. 123). Die Pflege schwerstkranker und sterbender Menschen muss zunächst die psychischen Bedürfnisse berücksichtigen, da ohne eine Befriedigung dieser die Auseinandersetzung mit emotionalen und spirituellen Fragen gar nicht möglich ist (vgl. Kübler-Ross, 2003, S. 43f).

> »Wenn es etwas gibt, wonach diese leidenden Kinder sich in ihrem Herzen sehnen, dann ist es dies: so zu sein wie andere Kinder.« (Kübler-Ross, 2000, S. 143)

So bringt Kübler-Ross eines der Hauptbedürfnisse schwerstkranker und sterbender Kinder auf den Punkt. Es kann für ein sterbendes Kind das Schlimmste sein, wenn sich seine Umgebung schon vor seinem Tod in eine Art »Leichenhalle« verwandelt (vgl. Kübler-Ross, 2003, S. 17). Ein weiteres Bedürfnis von sterbenden Kindern und vor allem Jugendlichen kann es sein, dass sie die Begräbnisfeierlichkeiten selbst gestalten wollen. Sie wollen wissen oder entscheiden, was sie anziehen, welche Musik gespielt wird, wer die Rede hält oder wer am Begräbnis teilnehmen wird. Um diesem Wunsch gerecht zu werden, ist das Annehmen des bevorstehenden Todes und eine offene Kommunikation notwendig (vgl. Kübler-Ross, 2003, S. 250f).

> »Aus allem geht hervor, daß der Kranke kurz vor dem Tode sehr bestimmte Bedürfnisse hat, die sich erfüllen lassen, wenn wir uns die Zeit nehmen, auf ihn zu hören und sie herauszufinden.« (Kübler-Ross, 2001, S. 350)

Fitzgerald geht in seiner Publikation von drei Hauptbedürfnissen Sterbender aus. Diese sind die Kontrolle über die Schmerzen, Erhaltung von Würde oder des Gefühls des Selbstwertes und der Wunsch, Liebe und Zuwendung zu erhalten. Das Bedürfnis nach Würde umfasst den Selbstwert, den Selbstrespekt, aber auch das Gefühl, angenommen und akzeptiert zu werden. Die Patientin wünscht sich, in die Entscheidungen miteinbezogen zu werden und auch Kontrolle über die Situation bewahren zu können. Kontrollverlust kann zum schnelleren Aufgeben oder auch zur Depression führen. Würde und Selbstwertgefühl der Patientin zu bewahren, bedeutet auch, ihr das Gefühl zu geben, ein produktiver Teil der Gesellschaft zu sein. Das Bedürfnis nach Liebe und Aufmerksamkeit wird bei sterbenden Menschen oft durch körperlichen Kontakt wie Berühren, Streicheln und Handhalten befriedigt (vgl. Fitzgerald/Toplak, 1994, S. 20ff).

2.3.2 Empfindungen

> »In der Auseinandersetzung mit dem bevorstehenden Tod erleben Sterbende einen ständigen Wechsel der Emotionen, je nachdem, an welchem Punkt der Auseinandersetzung oder Akzeptanz sie stehen. Gefühle der Trauer, Verzweiflung, Depression, Wut, Ängste oder wieder aufkeimende Hoffnung sind normal und unter diesen Umständen zu erwarten. Bei einigen Kindern und Jugendlichen treten neben den beschriebenen Gefühlen aber auch längere Perioden auf, in denen bestimmte psychische Probleme überhand nehmen können. Dies betrifft vor allem schwere Angstzustände, Depressionen und Aggressionen.« (Glanzmann/Bergsträßer, 2001, S. 64)

Zunächst muss man sich der Tatsache bewusst sein, dass Kinder ihre Gefühle und Empfindungen nicht immer offen zeigen. Dahinter kann der Versuch stehen, nicht unangenehm aufzufallen und angepasst sein zu wollen. Kinder versuchen, sich vor Verletzungen zu schützen, oder haben Angst davor, ihre Gefühle auftauchen zu lassen, und verdrängen sie deshalb. Diese Verdrängung der Gefühle äußert sich in latenter Unruhe, in Schlafstörungen oder in leicht depressiver Verstimmung (vgl. Wellendorf, 2005, S. 51).

Scham und Ekel

Charakteristische Auslöser für Schamgefühle sind Kontrollverlust und zunehmender Verlust an Selbstständigkeit. Körperliche Veränderungen oder Entstellungen (z.b. ein aufgedunsener Körper oder die Entfernung von Gliedmaßen) können bei Kindern sehr starke Schamgefühle auslösen, da sie sich dadurch klar von anderen Kindern unterscheiden. Auch ekelerregende Gerüche bei eitrigen Wunden oder der Verlust über Harn- und Stuhlkontrolle können solche Auslöser sein. Auch bei Kindern müssen eventuell auftretende Schamgefühle bei Nacktheit und bei Pflegemaßnahmen im Intimbereich beachtet werden (vgl. Stähli, 2004, S. 56ff).

>»Die Empfindung des Ekels ist zumeist an bestimmte Sinnesqualitäten gebunden; beispielsweise das Tasten von Schleimigen oder das Riechen von Ausscheidungen. Ekel tritt als eine Erfahrung der Nahsinne auf.« (Stähli, 2004, S. 73)

Gefühle des Ekels können sich vor allem in physischen Erscheinungen (Ekel vor übelriechenden Ausscheidungen), Ekel vor der eigenen Existenz oder moralisch Ekelhaftem (Ekel vor bestimmten familiären Situationen) manifestieren (Stähli, 2004, S. 76f).

Hoffnung und Depression

>»Die Hoffnung ist eine starke Kraft, sie hält der Realität Stand, wenn sie nicht mit Illusionen verwechselt wird.« (Ritter, 2003, S. 22)

Die Hoffnung ist eine Emotion, welche auf die Zukunft ausgerichtet ist. Die Hoffnung bezieht sich sowohl auf das Gesund-Werden als auch auf ein Jenseits oder ein Wiedersehen nach dem Tod (vgl. Stähli, 2004, S. 156ff). Die Hoffnung auf Gesundung wird in späteren Phasen der Erkrankung oft durch die Hoffnung, in Erinnerung zu bleiben, ersetzt (vgl. Fitzgerald/Toplak, 1994,

S. 19). Hoffnung besteht auch bei jenen Kranken, die sich mit dem tödlichen Ausgang ihrer Erkrankung abgefunden haben. Es ist die Hoffnung, dass sich eines Tages alles als böser Alptraum herausstellt, und sie hilft den Kranken, bei Verstand zu bleiben und alle Untersuchungen über sich ergehen zu lassen. Dass Patientinnen keine Hoffnung mehr zeigen, kann ein Anzeichen für ihren baldigen Tod sein (vgl. Kübler-Ross, 2001, 188f). Hoffnung bei sterbenden Kindern kann sich auf ganz konkrete Dinge, wie zum Beispiel nochmal Eisenbahn zu fahren, richten, oder auch ganz abstrakte Formen, wie die Hoffnung auf eine gute Fee, die das Wunder der Heilung vollbringt, annehmen (vgl. Hoffmann in Student, 2005, S. 69). Hoffnungslosigkeit wird hervorgerufen durch die fortschreitenden Zeichen der Erkrankung wie Verlust der Körperfunktionen, aber auch durch Rollenveränderungen in den sozialen Gefügen (vgl. Heußner, 2006, S. 24).

Depressive Phasen treten bei Sterbenden häufig auf und sind verbunden mit einer erdrückenden Stimmung, Verminderung von Antrieb und Aktivität sowie dem Verlust von Interessen, Konzentrationsfähigkeit und Freudlosigkeit. Es können sich auch übermäßige Gefühle der Müdigkeit, Schlaf- und Appetitstörungen, Schuldgefühle und Gefühle der Wertlosigkeit einstellen (vgl. Glanzmann/Bergsträßer, 2005, S. 65).

Wut, Aggression und Schuldgefühle

Sterbende Kinder entwickeln Hass und Wut auf all das, was gesunde Kinder und Erwachsene repräsentieren. Die gesunden Kinder zeigen den Schwerkranken all das, was sie im Begriff sind, zu verlieren. Aggressionen sind Teil der Auseinandersetzung mit dem Unabwendbaren und drücken sich in verbaler oder körperlicher Form aus. Aggressionen sind Ausdruck der unbändigen Wut und Verzweiflung, die angesichts des unabwendbaren Todes und der damit einhergehenden Verluste empfunden werden. Kinder und Jugendliche zeigen diese Aggressionen meist bei Personen, bei welchen sie das Gefühl haben, dass die Beziehung dies aushält und daran nicht zerbrechen wird (vgl. Glanzmann/Bergsträßer, 2005, S. 66). Schuld wird in der Situation der Lebensbedrohung zu einem multidimensionalen Problem. Fragen, welche Schuld man auf sich geladen habe, um diese Bestrafung zu verdienen, oder auch, wer oder was an der Erkrankung Schuld sei, werden gestellt, um so dem unausweichlichen Verlauf der Krankheit einen Sinn geben zu können (vgl. Heußner, 2005, S. 24f).

2.3.3 Ängste

»Angstzustände können sich als panikartige Attacken zeigen, wobei die Patienten massive Angstgefühle haben und sich dieser Angst hilflos ausgeliefert sehen. Neben den Gefühlen von Panik und Todesangst gehen solche Attacken mit Symptomen einher wie Herzklopfen, Brustschmerz, Erstickungsgefühl, Schwindel, Schwächegefühl, Zittern, Schwitzen, Angst vor Kontrollverlust oder davor wahnsinnig zu werden, Entfremdungsgefühl oder dem Gefühl völliger Leere.« (Glanzmann/Bergsträßer, 2001, S. 64)

Die Ängste von betroffenen Kindern sind vielfach von ihrem Alter abhängig (vgl. Bessler, 1996, S. 149f). Hoffmann beschreibt sie in erster Linie als Angst vor dem Alleinsein und Ängste vor großen Schmerzen und Atemnot. Bei Jugendlichen kommt noch die Angst vor dem sozialen Tod und dem Verlust der Autonomie hinzu (vgl. Hoffmann, 2005, S. 70). R. Schulz beschreibt die Ängste bezüglich Tod und Sterben als Angst vor körperlichem Leiden, Demütigung und Erniedrigung, vor dem Verlust der persönlichen Würde, Einsamkeit, Angst davor, wichtige Ziele aufgeben zu müssen, vor den Folgen des Todes für die Angehörigen, vor Bestrafung, Nicht-Sein, Unbekannten, Vernichtung des eigenen Körpers, dem Sterben und Tod anderer Menschen, toten Menschen an sich und den Merkmalen des Leichnams. All diese Ängste sind in ihrem subjektiven Ausprägungsgrad ernst zu nehmen und durch eine entsprechende Begleitung zu mildern. Auf die verschiedenen Ängste kann je nach Situation und Individuum reagiert werden. Eine typische Reaktion stellt hierbei die Flucht vor Gesprächen über den Tod oder die Erkrankung dar, eine andere die Narkotisierung, also die Betäubung, mittels Alkohol oder Drogen. Letztere Form wird bei Kindern eher nicht in Erscheinung treten, kann aber bei Jugendlichen durchaus vorkommen. Es kann ebenso eine Verschiebung der Ängste durch den Versuch der Kompensation durch Abenteuer und starke Erlebnisse stattfinden. Eine weitere Reaktion stellen Formen der Autoaggression bis hin zum Selbstmord dar. Die genannten Reaktionsweisen dürfen nicht als durchweg negativ betrachtet werden, da sie wie alle Abwehrmechanismen in Kombination oder einzeln helfen können, aber in Extremformen schädlich sind (vgl. Burgheim, 2004, S. 124ff). Eine besondere Form, auf welche in Bezug auf dieses Thema gesondert eingegangen werden muss, ist die

akute Todesangst. Die akute Todesangst kann als abgründige Ohnmachtser-
fahrung, als eine die gesamte Existenz ergreifende, vitale Angst definiert werden. Sie manifestiert sich als traumatische, diffuse Angst oder Panik und als
Situation von Überlastung, beispielsweise in Albträumen. Die normalen
Selbstregulationsmechanismen brechen zusammen, und der Betroffene reagiert panisch (vgl. Stähli, 2004, S. 91f). Die Ängste von sterbenden Kindern
äußern sich auf unterschiedlichste Art und Weise. Eine Reaktionsweise des
Kindes ist das aggressive Abwehren, aber auch Schweigen kann einen Ausdruck von Angst darstellen (vgl. Fitzgerald/Toplak, 1994, S. 97). Es ist beobachtbar, dass die Angst abnimmt, wenn der nahende Tod akzeptiert wird
und das Kind oder die Jugendliche bemerkt, dass jederzeit Hilfe und Unterstützung da ist und es nicht alleine gelassen wird (vgl. Glanzmann/Berg-
sträßer, 2005, S. 64f).

2.4 Sprache und Symbolik

> »Kinder sprechen schon als Gesunde eine andere Sprache; als Sterbende mischen
> sie in ihre Phantasie und sprachlichen Bilder vieldeutige Symbole ein.« (Rest, 1998,
> S. 154)

Kinder drücken ihr Mitteilungsbedürfnis oft in indirekter Weise einer Art
Symbolsprache aus (vgl. Fitzgerald/Toplak, 1994, S. 98). Die symbolische
Sprache von Kindern kommt in Gedichten, Zeichnungen und Tagebuchein-
tragungen zum Ausdruck (vgl. Penn, 2005, S. 231f).

> »Nicht immer wird das gesprochene oder geschriebene Wort im Vordergrund ste-
> hen. Entsprechend ihrem Alter und ihren kreativen Möglichkeiten werden Kinder
> öfter als Erwachsene auf andere Ausdrucksformen zurückgreifen: Malen, Zeichnen,
> Fotografieren, Gestalten...« (Specht-Tomann/Tropper, 2004, S. 97)

Die Symbolsprache bei sterbenden Kindern besteht im Prinzip aus zwei verschiedenen Sprachen und ist altersabhängig. Jüngere Kinder (etwa vier- bis
zwölfjährige) verwenden mit Hilfe von Zeichnungen, Bildern, Teddybären
oder Puppen symbolische Gesten, um über ihren Tod zu sprechen. Ältere
Kinder verwenden eher eine verbale Symbolsprache (vgl. Kübler-Ross, 2000,
S. 29). Die besondere Sprache schwerstkranker und sterbender Kinder wird
auch bemerkbar, wenn man sie Märchen nacherzählen lässt. Gesunde Kinder
tendieren dazu, alles präzise wiederzugeben, schwerkranke wandeln ab oder

fügen hinzu (vgl. Rest, 1998, S. 154). Eine hilfreiche Form der Mitteilung stellt für Kinder die Zeichnung dar. Diese eignet sich besonders zur Verarbeitung innerer Vorgänge, und um Bedürfnisse, Ängste und das innere Wissen um das Bevorstehende für Außenstehende zu verdeutlichen (vgl. Rest, 1998, S. 155). Ein wiederkehrendes Sinnbild in Zeichnungen sterbender Kinder ist der Schmetterling (vgl. Wiese, 2009, S. 19). Manchmal werden in den Zeichnungen der Kinder Aggression und Zerstörung direkt in Form von beispielsweise blutrünstigen Tieren und Angegriffenen, die sich vor Angst in Luft auflösen, thematisiert (vgl. Wellendorf in Student, 2005, S. 49). Schwerstkranke sterbende Kinder konzentrieren sich in ihren Zeichnungen oft auf spezielle Farben, wie braun oder schwarz. Typischerweise vorkommende Elemente sind auch weinende Sonnen, welkende Blumen oder Menschen, denen ein oder mehrere Gliedmaßen fehlen. Oft sind auch die Größenproportionen auffällig, und Eltern werden überdimensional groß dargestellt, während das Kind sich selbst sehr klein zeichnet (vgl. Fitzgerald/Toplak, 1995, S. 98). Mit der Hilfe von Zeichnungen kann eine erfahrene Begleiterin innerhalb von Minuten erkennen, welches vorbewusste Wissen Kinder über ihren Tod haben. Dies macht die Zeichnung oder das Malen zu einem einfachen, billigen und leicht verfügbaren therapeutischen Mittel. Eine Interpretation des Materials erfordert jedoch immer eine entsprechende Schulung (Kübler-Ross, 2000, S. 27). Eine weitere Form der kindlichen Mitteilung ist das Spiel. Dieses bietet einerseits Ablenkung und Entspannung, ist jedoch auch eine Möglichkeit zur Selbstdarstellung und Selbstbehauptung. Aggression findet im Spiel einen Ausdruckskanal (zum Beispiel Kriegs- oder Verbrecherspiele), Erlittenes und Belastendes (medizinische Prozeduren nachgespielt an Puppen und Stofftieren) wird nach außen hin sichtbar gemacht und so verarbeitet. Teils wird für diese Verarbeitung sogar Kriegsspielzeug empfohlen (vgl. Rest, 1998, S. 155).

2.4.1 Sprechen mit sterbenden Kindern

»Eine ganz offene Frage (›Möchtest du mit mir über irgendetwas sprechen?‹) oder eine offene Aufforderung (›Erzähl mir doch einmal eine Geschichte‹) enthalten viele Möglichkeiten für das Kind, sich mit seinen Sorgen zu offenbaren.« (Rest, 1998, S. 155)

Kinder und Jugendliche spüren oft intuitiv, dass ihre Eltern nicht mit ihnen über ihren bevorstehenden Tod sprechen können und damit überfordert sind.

Deshalb suchen sie oft außenstehende, nicht zur Familie gehörende Personen, die eher in der Lage sind, ihre symbolische Sprache zu verstehen (vgl. Penn, 2005, S. 231f). Wenn man als diese besondere Person auserkoren wird, kann das als besonderer Vertrauensbeweis angesehen werden. Wird dieser Versuch des Gesprächs abgeblockt oder ihm ausgewichen, entsteht für das betroffene Kind eine Art Tabu, und es fürchtet sich, die Thematik nochmals anzusprechen (vgl. Ritter, 2003, S. 22). Es werden jedoch nicht immer Menschen sein, denen sich die Kinder anvertrauen. Manchmal stellt sich für Betroffene ein Tagebuch, Briefe, Gedichte oder Zeichnungen als geeignetes Medium dar (vgl. Specht-Tomann/Tropper, 2004, S. 96). Ein Gespräch mit sterbenden Kindern und Jugendlichen bedarf bestimmter Vorbereitung. Diskretion und Ungestörtheit, eine Atmosphäre der Offenheit, des Vertrauens und Verständnisses sind zwingend notwendig. Dem betroffenen Kind muss vermittelt werden, dass ausreichend Zeit zur Verfügung steht. Empathie, ein Gefühl der Zuverlässigkeit und Wahrung der räumlichen Distanz sind ebenfalls Grundvoraussetzungen. Dem Kind sollte auch angeboten werden, ein Gespräch gemeinsam mit den Eltern zu führen oder den Eltern die Botschaft des Kindes zu überbringen (vgl. Horlemann, 2005, S. 25). Die Technik des aktiven Zuhörens in Kombination mit dem Erfassen der emotionalen Bedeutung dessen, was hinter Worten und Gesten steht, ist in Bezug auf die sozialpädagogische Begleitung von sterbenden Kindern und Jugendlichen besonders bedeutsam (vgl. Penn, 2005, S. 234).

»Vier Wochen vor ihrem eigenen Tod erfährt die zwölfjährige Patientin Nicole vom Sterben eines Mitpatienten. Ihr Kommentar: ›Wir sind auch noch dran.‹« (Ritter, 2003, S. 24)

Die Konfrontation einer Sozialarbeiterin mit dem Fall eines schwerstkranken sterbenden Kindes wird zunächst zu einem Gespräch mit dem Kind und der Familie führen. Hierbei ist es maßgeblich zu erfahren, wie das Kind, die Eltern und Geschwister die Situation selbst erleben. Besondere Beachtung muss wiederum auf die Gesprächssituation und -atmosphäre gelegt werden, damit alle Betroffenen ihre Ängste, Befürchtungen, Wünsche und Hoffnungen wirklich offen und ehrlich ausdrücken können. Eine Sozialarbeiterin muss einen Einblick in das Familiensystem und die Beziehungen der einzelnen Mitglieder zueinander bekommen, um situationsangepasste und adäquate Hilfe leisten zu können. Die Sozialarbeiterin steht natürlich allen Mitgliedern als Gesprächsperson zur Verfügung. Sie nimmt bei Bedarf auch die Rolle der Vermittlerin oder Überbringerin von Botschaften, beispielsweise des Kindes zu den Eltern, ein (vgl. Student, 1999, S. 134f).

> »Warum muß gerade ich diese Krankheit haben? Warum helfen bei mir die Medikamente nicht? Warum werde ich nie einen Freund haben? Warum muß ich schon so früh sterben?« (Wellendorf, 2005, S. 53)

Folgendes gilt sowohl für die Begleitung sterbender Kinder als auch von Geschwistern: Kinderfragen über Tod, Sterben und Trauer können die Begleiterinnen in Erstaunen versetzen, verunsichern und auch zum Nachdenken anregen. Wesentlich ist es, als Begleiterin die persönliche Einstellung zum betroffenen Kind und seiner Situation zu beachten. Es ist erforderlich, »richtiges« Hören und Aufnehmen der Fragen und angemessene Reaktionen auf die Fragen, sowohl auf verbaler als auch non-verbaler Ebene, als Grundkompetenzen anzusehen. Eine Begleiterin muss sich Zeit nehmen (sich auf das Kind einstimmen), zuhören (was will das Kind wirklich wissen?), sich anpassen an die Vorstellungswelt des Kindes, an seine Denk- und Sprechweise und dementsprechend einfache und klare Antworten geben. Eine mit der Begleitung betraute Person sollte den Kinderfragen nicht ausweichen und dem Kind gegenüber auch eigene Unsicherheiten eingestehen. Weitere wichtige Basiskompetenzen sind Schweigen aushalten zu können, Offenheit, Klarheit, Ehrlichkeit und auch Geduld (vgl. Specht-Tomann/Tropper, 2004, S. 133).

2.4.2 Umgang mit der Wahrheit

> »Die Wahrheit des todkranken Kindes ist nicht immer die Wahrheit seiner Begleiter. So wie Leben, Krankheit und Sterben ein Prozeß sind, ist auch die subjektive Wahrheitsfindung ein Prozeß. Dies ist vor allem bei Aufklärungsgesprächen zu beachten.« (Specht-Tomann/Tropper, 2004, S. 184)

Die Frage, ob man terminal erkrankten Kindern die Wahrheit über ihren Zustand mitteilen sollte, ist sehr komplex und nicht allgemeingültig beantwortbar. Wie schon zuvor erwähnt, wissen die Kinder über ihren Zustand und den Ernst ihrer Erkrankung mit ziemlicher Sicherheit Bescheid, dies schützt jedoch weder die Eltern noch die Begleiterinnen vor den Fragen der Kinder, wie etwa: »Werde ich wieder gesund?« oder »Muss ich wirklich sterben?«. Die

Beantwortung dieser Fragen ist eine der komplexesten Teilgebiete einer adäquaten Sterbebegleitung.

> »Hör endlich mit dem Theater auf. Ich weiß schon lange, was ich hab', und ich weiß auch, daß ich sterben muß. Erst konnte ich nicht mehr richtig gehen, dann saß ich im Rollstuhl, jetzt liege ich im Bett, und du willst, daß ich denke, es wäre nichts.«[3] (Wellendorf, 2005, S. 101)

Natürlich fürchten viele Eltern, aber auch professionelle Begleiterinnen das Kind mit einer ehrlichen Antwort zu überfordern und gänzlich zu entmutigen. Wenn wir uns aber als Begleiterinnen von der Annahme leiten lassen, dass Kinder nur dann diese Fragen stellen, wenn sie auch in der Lage sind, ehrliche Antworten zu verkraften, eröffnet uns dies eine Möglichkeit zur offenen Kommunikation (vgl. Ritter, 2003, S. 20f). Wahrheit erschließt sich für die Kinder ohnehin meist schon aus dem Verhalten und Benehmen der Umgebung, aus der veränderten Behandlung, aus verweinten oder übertrieben lächelnden Mienen der Angehörigen (vgl. Kübler-Ross, 2001, S. 60). Das Verschweigen der Wahrheit durch Angehörige und Betreuerinnen hüllt die Kinder in eine Wolke von Schweigen, Behüten, Verdrängen, Ablenken und Vertrösten und führt oft dazu, dass diese meinen, sich für die Angehörigen zusammennehmen zu müssen. Dementsprechend handelt es sich um eine falsch verstandene Rücksichtnahme. Es nimmt den Kindern die Möglichkeit, ihren Trauer- und Sterbeprozess offen zu durchleben und den Eltern und Angehörigen die Chance, die letzten Tage in wirklicher Nähe mit ihrem Kind zu verbringen (vgl. Specht-Tomann/Tropper, 2004, S. 183).

2.5 Begleitung sterbender Kinder

> »Ich sterbe nicht nur einmal, ich sterbe viele kleine Tode. Meinen großen, endgültigen Tod werde ich schaffen, aber die kleinen, die glaubt mir keiner. Das macht mich einsam.«[4] (Wellendorf, 2005, S. 43)

Um sich der Begleitung eines sterbenden Kindes stellen zu können, muss man sich stets die Situation des Kindes vor Augen führen. Die alles entscheidende

---

3 Empörter Ausspruch eines 14-jährigen Jungen, dessen Mutter nicht in der Lage war, über seinen drohenden Tod zu sprechen.
4 Aussage einer 17-jährigen Patientin kurz vor ihrem Tod.

Frage ist: »Was bedeutet die Diagnose einer potenziell tödlich verlaufenden Erkrankung für ein Kind, und welche Konsequenzen zieht es daraus?« Für ein Kind, das sich mit beispielsweise der Diagnose einer Leukämie konfrontiert sieht, bedeutet dies zunächst einmal einen Aufenthalt in einer Klinik. Das Kind muss seine schutzgebende und gewohnte Umgebung gegen ein Krankenhauszimmer mit für es bedrohlichen Eingriffen und Untersuchungen eintauschen. Die Patientin muss eine Reihe von Untersuchungen über sich ergehen lassen und bekommt oft für sie schwer zu verstehende Erklärungen über die Notwendigkeiten dieser Prozeduren. Das Kind ist mit den therapiebedingten Nebenwirkungen, wie beispielsweise Übelkeit und Erbrechen, konfrontiert, und in weiterer Folge kann es langsam an den Veränderungen am eigenen Körper wie Haarausfall oder/und Aufgedunsenheit erkennen, wie ernst sein Zustand ist. Damit kommen jetzt zusätzlich zu den Ängsten vor Untersuchungen, Schmerzen und medizinischen Eingriffen auch die Angst vor Spott und Hänseleien, weil mit den Veränderungen des Körpers die Erkrankung auch nach außen hin sichtbar wird. Es kommt zu immer mehr Einschränkungen. Ein Schulbesuch ist eventuell nicht mehr möglich, die Infusionen und medizinischen Apparate hindern beim Spielen, Essen und anderen Bewegungen. Das Kind ermüdet schnell und wird sich seiner Andersartigkeit und speziellen Situation zunehmend bewusst (vgl. Hoffmann, 2005, S. 61 ff).

Diesen Prozess des schrittweisen Sterbens kann man in folgenden Sätzen zusammenfassen, welche auch auf die Herausforderung einer adäquaten Betreuung hinweisen:

> »Der letzte, der endgültige Tod ist das Produkt vieler vorhergegangener: Da gibt es das erste Erkennen, daß die Krankheit dem Leben ein Ende setzen wird, und immer wieder neue Gewißheiten, bis sie sich im letzten Tod verdichten. Da gibt es Einbrüche von Einsamkeit, Verzweiflung und Angst. Da gibt es Ohnmacht, Wut und Aufbäumen gegen das gewußte Schicksal. Da gibt es die vielen Abschiede und Trennungen vom normalen Leben, von errungenen Positionen, von Freunden, von Hoffnungen und Zukunft mit den anderen, den Gleichaltrigen und doch so Fremden.« (Wellendorf, 2005, S. 43)

2.5.1 Alltagshelfer, Ehrenamt und Professionalität in der Begleitung

Beim Begleitungsprozess von schwerstkranken sterbenden Kindern muss zwischen Alltagshelfern, dem Ehrenamt und professionellen Helfern unterschieden werden. Alltagshelfer meint das Umfeld der Eltern und Kinder, also Freunde, Verwandte und Bekannte mit ihren Ratschlägen und Hilfeleistungen. Professionelle Begleitung umfasst all jene, die im beruflich-professionellen Sinne mit der Erkrankung und dem Sterben des Kindes befasst sind, also Schwestern und Pflegerinnen, Seelsorgerinnen, Sozialarbeiterinnen und Ärztinnen. Hinzu kommen dann noch all jene, die ehrenamtlich Hilfeleistungen in verschiedenster Weise anbieten und so mit der Sterbe- und Trauerbegleitung befasst sind. Alle gemeinsam bilden ein umfassendes Netzwerk, dessen Vorhandensein alleine jedoch nicht ausreicht. Kooperation, Kommunikation und Art und Weise der Zusammenarbeit sind für die Wirksamkeit der Hilfeleistung entscheidend (vgl. Burgheim, 2005, S. 120).

2.5.2 Voraussetzungen für die Begleitung der Kinder

»Eine gute Begleitung beginnt bei der Bereitschaft, sich selbst mit den Dingen des Lebens intensiv auseinanderzusetzen.« (Specht-Tomann/Tropper, 2004, S. 13)

Wenn man sich der Herausforderung der Begleitung von schwerstkranken sterbenden Kindern stellt, muss man zunächst wahrnehmen, dass diese Begleitung einen sehr großen Personenkreis (Kind, Eltern, Geschwister, Großeltern, Freunde) umfasst. Auch die besondere Art und Weise der eigenen Betroffenheit und Vorerfahrungen müssen eine dementsprechende Beachtung finden (vgl. Penn, 2005, S. 227). Burgheim sieht es in seiner Auseinandersetzung mit dem Sterben von Kindern für alle professionell Beteiligten als wesentliche Voraussetzung, die Kürze des Lebens zu akzeptieren und nicht zu versuchen, dem Leben Jahre zu geben, sondern den Jahren Leben (vgl. Burgheim, 2005, S. 11). Sterbende Kinder zu begleiten ist nur mit der inneren Bereitschaft, sich auf die Situation und somit auf Angst, Verzweiflung und Schmerz einzulassen, möglich (vgl. Glanzmann/Bergsträßer, 2001, S. 141f). Sozialpädagogische Sterbebegleitung muss sich immer an dem kindlichen Todeskonzept, der Individualität des betroffenen Kindes sowie der Art der Erziehung und dem kulturellen, gesellschaftlichen Bedingungen des Kindes orientieren (vgl. Penn, 2005, S. 228). Eine weitere Voraussetzung ist das Wissen um die Gesetzmäßigkeiten bestimmter innerpsychischer Prozesse (vgl. Specht-Tomann/Tropper, 2004, S. 15). Ohne die Fähigkeit zur Empathie, grundlegenden Respekt und die Einsicht, dass das sterbende Kind und seine

Angehörigen das Recht haben, einen eigenen Weg in Leid und Trauer zu gehen, ist keine Sterbebegleitung möglich (vgl. Di Gallo/Bürgin, 2006, S. 85). Eine gute, an kindliche Bedürfnisse angepasste Begleitung bedeutet, dem Kind zuzugestehen, seinen eigenen kindlichen Weg zu gehen und auch bereit zu sein, von dem Kind auf vielfältige Weise zu lernen (vgl. Rest, 1998, S. 153f). Eine Sterbebegleiterin muss in der Lage dazu sein, die eigene Hilflosigkeit zu akzeptieren, eine angenehme Atmosphäre herzustellen und die Kostbarkeit jedes Augenblickes zu erfassen. Eine Begleiterin soll dazu in der Lage sein, den Menschen, den sie begleitet, vertrauensvoll zu folgen, ohne sich dabei selber zu verlieren (vgl. Penn, 2005. S. 235ff). Eine unabdingbare Voraussetzung für eine adäquate Begleitung des Kindes ist eine multiprofessionelle Zusammenarbeit von Ärztinnen, Pflegepersonal, Sozialarbeiterinnen, Psychologinnen etc. (vgl. Penn, 2005, S. 235).

2.5.3 Aufgaben einer Sterbebegleitung

> »Unter Sterbebegleitung ist eine liebevolle umfassende Betreuung von Kindern zu verstehen, deren Krankheit nicht mehr auf heilende Therapie anspricht mit dem Ziel, ihnen die Lebensqualität weitgehend zu erhalten und das Sterben zu erleichtern.« (Penn, 2005, S. 227)

Der Beginn der Sterbebegleitung und palliativen Versorgung ist als zeitlicher Übergang zu sehen, der vom Krankheitsverlauf abhängig ist und dann eintritt, wenn eine Umkehr in Richtung Heilung nicht mehr möglich ist. Sterbebegleitung bei Kindern umfasst neben der psychosozialen, pädagogischen und religiös-spirituellen Betreuung des betroffenen Kindes immer auch eine Begleitung der Familien als Gesamtsystem (vgl. Glanzmann/Bergsträßer, 2001, S. 19ff).

> »Jede Beziehung beim Begleiten bedeutet eine neue, einmalige und einzigartige Situation, und jede begleitende Person muss dafür ihren eigenen, persönlichen Weg finden.« (Leuenberger, 1996, S. 186)

Eine adäquate Sterbebegleitung umfasst eine wirksame Schmerztherapie, die Linderung belastender Symptome und die kindgemäße Berücksichtigung aller seelischen, spirituellen und sozialen Bedürfnisse (vgl. Penn, 2005, S. 227). Es wird im Zuge der palliativen Behandlung weiterhin alles für das Wohlergehen und die Lebensqualität der Patientin getan. Bei einer allumfassenden Begleitung handelt es sich um eine lindernde ärztliche und pflegerische Versorgung und mitmenschliche Betreuung für einen sterbenden Menschen (vgl. Glanzmann/Bergsträßer, 2001, S. 19ff). Diese Begleitung wird in der Regel von einem multiprofessionellen Team geleistet, wobei jedes Mitglied einen anderen Arbeitsschwerpunkt und spezielle Aufgaben hat. Dies ist sehr sinnvoll und notwendig, da es die Möglichkeit eröffnet, das Kind, seine Bedürfnisse und Ängste und auch das Familiensystem aus unterschiedlichen Blickwinkeln zu betrachten und ganzheitlich wahrzunehmen (vgl. Glanzmann/Bergsträßer, 2001, S. 140).

> »Eine wichtige Aufgabe eines Begleiters ist es, ständig wahrzunehmen, in welcher Situation der Begleitete in diesem Moment gerade ist. Das kann einen Tag so sein, ein paar Stunden später wieder anders.« (Fleck, 2005, S. 150)

Sterbebeistand bei Kindern braucht noch mehr als bei Erwachsenen Anwesenheit des Helfers, kontinuierliche Verfügbarkeit und viel Zeit. Eine gute Betreuung beinhaltet einen intensiven, therapeutischen Umgang mit der Angst des Kindes, seiner Eigenständigkeit und Selbstbestimmung. Dieser angemessene Umgang bedeutet auch, die Bewältigungsstrategien der Kinder richtig zu verstehen und zu deuten. Verleugnung kann aus Selbstschutz geschehen, Aggression und Zornausbruch sind manchmal sinnvolle, nach außen gerichtete Verarbeitungsformen, eine Depression kann ein guter Weg zur inneren Bewältigung des Geschehens sein. Auch das Zurückschreiten auf frühkindliche Verhaltensmuster muss nicht zwingend negativ beurteilt werden, sondern kann eine Form der Angstabwehr darstellen (vgl. Rest, 1998, S. 153f).

Einer Sterbebegleiterin kommen unterschiedliche Rollen, Funktionen und auch Aufgaben zu. Folgende Aufgaben sind in einer Sterbebegleitung wesentlich:

Eigenständigkeit und Selbstbestimmung

Eine Anforderung an die Begleiterin ist es, die Eigenständigkeit und Selbstbestimmung des Kindes zu wahren und zu fördern. Sie muss das Kind dabei unterstützen, die Dinge bei sich behalten zu dürfen, die ihm im Leben Sicherheit und Freude gegeben haben. Dies fällt mitunter schwer, ist aber notwendig, um dem Kind Freude und letztlich auch Hoffnung im Leben und Sterben zu geben. So sollte beispielsweise auch die Möglichkeit gegeben sein, das geliebte Aquarium des Kindes in direkter Nähe des Krankenbettes aufzustellen (vgl. Rest, 1998, S. 154).

Gewährleistung von Information

Eine weitere Aufgabe der Begleiterin ist es, eine umfassende Information des betroffenen Kindes zu gewährleisten. Das Kind oder die Jugendliche sollte ermutigt werden, alles zu erfragen, was es/sie über seine Krankheit und die damit verbundenen Maßnahmen wissen möchte (vgl. Rest, 1998, S. 154).

Teilhabe

Ein weiterer Kernpunkt für die Kinder ist es, die weitere Teilhabe am sozialen und gesellschaftlichen Leben zu ermöglichen. Dazu gehört, dem Kind, soweit es möglich ist, weiter zu erlauben, zur Schule oder in den Kindergarten zu gehen und mit Freunden zu spielen (vgl. Rest, 1998, S. 154).

> »In der Schule besteht die Möglichkeit zu sozial anerkannter Leistung für sich, mit und für andere. Auch bei eingeschränkten Leistungsvermögen besteht die Chance, Erfolgserlebnisse zu vermitteln.« (Burgheim, 2005, S. 290)

Schule kann für die Kinder ein Hoffnungszeichen im Alltag werden, da sie auf die Zukunft ausgerichtet ist, ein Stück Normalität darstellt und Zugehörigkeit zu anderen Kindern anbietet (vgl. Burgheim, 2005, S. 291).

Vorbereitung auf Kommendes und die Gewährleistung von Mitbestimmung

Die Begleiterin muss das Kind auf kommende medizinische Maßnahmen, Veränderungen im Bereich der körperlichen Bewegungsfreiheit und zu erwartende weitere Einschränkungen vorbereiten. Ein Medium, das sich für diese Auseinandersetzung besonders eignet, ist das Spiel (Zeigen von medizinischen Maßnahmen an Puppen) (vgl. Rest, 1998, S. 155). Nach Ansicht der berühmten Sterbeforscherin Kübler-Ross ist es auch außerordentlich wichtig, mit den Kindern ehrlich umzugehen und auch einzugestehen, wenn eine medizinische Maßnahme Schmerzen bereiten wird (vgl. Kübler-Ross, 2000,

S. 69). Das Kind sollte seine Umgebung aktiv mitgestalten können, dazu gehört auch die Gestaltung des Zimmers oder die Planung des eigenen Begräbnisses (vgl. Rest, 1998, S. 154). Hinsichtlich der Vorbereitung auf Kommendes ist es eine relevante Fragestellung, ob es nicht generell ratsam wäre, für alle Kinder Führungen durch Krankenhäuser und medizinische Einrichtungen anzubieten, um sie auf spielerische Weise mit der Spitalswelt vertraut zu machen und so etwaigen Ängsten vorzubeugen (vgl. Oehninger-Müller, 1996, S. 275).

Kommunikation mit den Kindern

Es ist eine überaus wichtige Aufgabe für die Begleitung sterbender Kinder, ihre teils nicht-verbale Sprache, ihre Signale und verschlüsselten Botschaften wahrzunehmen, zu verstehen und ihnen zu helfen, diese zu übersetzen und verbal auszudrücken (vgl. Kübler-Ross, 2000, S. 30 und Wellendorf, 2005, S. 69).

Gemeinsames Durchleben des Sterbeprozesses

Die Begleiterin sollte gemeinsam mit dem Kind Gefühle der Auflehnung, Verzweiflung und Sinnlosigkeit durchleben. Eine wichtige Aufgabe der Begleiterin ist es, dem betroffenen Kind zu vermitteln, dass auch die Zeit des Sterbens eine erfüllte und wichtige Lebenszeit ist (vgl. Penn, 2005, S. 230 und S. 242).

Verhinderung von Destabilisierung

Einer der wichtigsten Zielsetzungen professioneller Hilfen für Kinder mit tödlich verlaufenden Erkrankungen sollte die Verhinderung der Destabilisierung des familiären Gefüges rund um das Kind sein, was in Kapitel 2.5.4 und 3.5 noch detaillierter beschrieben wird (vgl. Ewers, 2005, S. 181).

Grenzsetzung

Eltern sollen darin bestärkt werden, ihren sterbenden Kindern weiterhin Grenzen zu setzen, da dies dem Wunsch der Kinder nach Normalität nachkommt (vgl. Rest, 1998, S. 153). Sterbende Kinder bekommen, wie alle anderen Kinder auch, Sicherheit und Halt, wenn ihnen Grenzen aufgezeigt und

Hinweise, wie sie sich verhalten sollen, gegeben werden (vgl. Glanz-mann/Bergsträßer, 2001, S. 89).

Begleitung beim Tod von Mitpatienten

Eine besondere Herausforderung für die Begleitung schwerstkranker und sterbender Kinder stellt der Tod von Mitpatienten dar, insbesondere wenn diese an derselben Erkrankung wie das Kind gelitten haben. Die Begleiterin muss sich hierbei sensibel gegenüber den Ängsten, die dadurch geweckt wer-den, verhalten und dem betroffenen Kind Gelegenheit geben, mit seinen Ängsten auf seine eigene und spezielle Art fertig zu werden (vgl. Fitz-gerald/Toplak, 1995, S. 99)

Schmerzkontrolle

»Oberste Maxime für ein würdevolles Sterben sollte aber weitgehende Schmerz-freiheit sein.« (Fitzgerald/Toplak, 1994, S. 20)

Schmerz ist ein subjektives Erlebnis. Da es unmöglich ist, den Schmerz eines anderen zu empfinden, können sich Expertinnen auch nur ein sehr unklares Bild von dem wahren Leiden einer terminal Kranken machen. Eine befriedi-gende Schmerzkontrolle zu erzielen, erfordert oft eine Kombination von schmerzstillenden Medikamenten, Mitteln anderer Wirkungsgruppen (z.B. Antidepressiva), aber auch psychologischer Methoden, wie Relaxionstechni-ken, Musiktherapie oder Hypnose. Es ist ein Zusammenarbeiten von Spezia-listinnen aus verschiedenen Fachrichtungen wie Anästhesie, Neurologie, Neurochirurgie, Schmerzambulanzen, aber auch Psychologie und Psychothe-rapie notwendig. Da psychologische Maßnahmen zur Schmerzkontrolle und -bewältigung keinerlei negative Auswirkungen haben, sollte auf sie vermehrt zurückgegriffen werden (vgl. Fitzgerald/Toplak, 1994, S. 20ff).

Auch kleine Kinder sind schon gut in der Lage, ihr Schmerzempfinden zu artikulieren. Es gibt verschiedene Instrumente zur Schmerzmessung für Kin-der, wie beispielsweise eine Tafel mit Smileys, deren Gesichter mit einigen Abstufungen lachen oder traurig sind, und anhand derer das Kind jenes Ge-sicht auswählen kann, welches seinem Befinden entspricht. Diese Methode ist auch zu Hause gut anwendbar. Wenn das Kind selbst aufgrund seiner Einschränkungen oder seines Alters nicht in der Lage ist, Auskunft zu geben, ist das intuitive Gefühl der Eltern ein äußerst feiner Parameter zur Beurteilung der Schmerzen. Verhaltensänderung und Körperhaltung können ebenfalls Hinweise auf Schmerzen geben. Rückzug, Nahrungsverweigerung, Schlafstörungen, Berührungsempfindlichkeit oder angespannte Haltung mit angezogenen Armen und Beinen, Verkrampfung der Hände und Füße besonders bei Säuglingen sind Anzeichen für Schmerzen. Bei schwerstkranken sterbenden Kindern muss in der Begleitung auch bedacht werden, dass diese oft Angst haben, ihre Schmerzen zu äußern, da sie befürchten, in die Klinik gebracht zu werden, schmerzhafte Spritzen zu bekommen oder ihre Eltern durch die Schmerzäußerung zu beunruhigen. So individuell wie die Schmerzen erlebt werden, so individuell muss auch die Schmerzbehandlung an das jeweilige Kind angepasst werden. Schmerzempfindung von Kindern kann zudem noch durch gezielte Ablenkung (vertraute Musik, Spielsachen, Gespräche, Fernsehen, Vorlesen) und Konzentration auf Dinge, die das Kind mag, positiv beeinflusst werden (vgl. Glanzmann/Bergsträßer, 2001, S. 52 ff).

Weitere Kernaufgaben der Betreuung sind Vertrauensaufbau zum Kind durch Spiele, Vorlesen von Geschichten, Basteln und Bilder malen, die Pflege eines liebevollen Umgangs, das Finden einer dem Kind angepassten Form der Kommunikation, Unterstützung zu geben, damit es seine Gefühle ausdrücken kann, und das Zur-Seite-Stehen bei der Suche nach der Bedeutung des Schicksals. Betreuung sterbender Kinder bedeutet, Tod, Sterben und Trauer zum Thema zu machen und zu versuchen, alle dem Wohlbefinden des Kindes fördernde Veränderungen in seinem Umfeld durchzuführen (vgl. Penn, 2005, S. 230 und 238ff)

2.5.4 Die Rolle der Sozialen Arbeit in der Sterbebegleitung von Kindern

»Durch Sozialarbeit wird der Schicksalsschlag einer Erkrankung abgefedert, so durch Trauerbegleitung, intensive Beratungen in sozialrechtlichen Fragen, bei Konflikten, in Kontakten zu Behörden und Pflegediensten und anderen Einrichtungen.« (Horleman, 2005, S. 22)

Dadurch, dass sich die Profession der Sozialen Arbeit auf die Thematik des Sterbens, Trauerns und des Todes einlässt, kann sie einen Beitrag dazu leisten, dass diese Themen gesellschaftlich akzeptiert und nicht mehr ausgegrenzt werden. Soziale Arbeit kann durch die Ermöglichung des Ausdruckes und Akzeptanz von mit dem Sterbeprozesses einhergehenden, aber wenig akzeptierten Gefühlen und Reaktionen eine Entlastung aller Beteiligten bewirken. Somit käme der Sozialen Arbeit die Aufgabe der Lebenshilfe und Gesundheitsförderung zu. Soziale Arbeit kann des Weiteren im Rahmen ihrer Zuständigkeit in den Krankenhäusern durch die Aufspürung, Stärkung und Unterstützung von Kompetenzen bei allen Betroffenen die Fremdbestimmung verringern. Die Stärkung von Selbstvertrauen und Selbstbestimmung der Klientinnen steht im Mittelpunkt des Interesses bei sozialarbeiterischer Tätigkeit. Die Alltagsbewältigung ist auch das Ziel bei der Begleitung von sterbenden Menschen und ihren Angehörigen. Das Umfeld der sterbenden Kinder und sie selbst sollen dazu befähigt werden, die letzte gemeinsame Zeitspanne so zu verbringen, dass die Belastungen möglichst gering bleiben. Soziale Arbeit gesehen als Arbeit mit Menschen, die in Krisen geraten sind, definiert sterbende Menschen und ihre Angehörigen automatisch als Adressatinnen. Die Verlustproblematik ist in der Sozialen Arbeit allgegenwärtig, und sie taucht in allen Arbeitsfeldern und -bereichen auf, sei es beim Verlust des Partners durch Scheidung, bei Arbeitsplatz- oder auch Kontrollverlust durch Suchtproblematik. Die Soziale Arbeit kann einen wesentlichen Beitrag zur Integration des Sterbens in das Leben leisten, einfach nur dadurch, dass sie durch die Organisation von Unterstützungen das Sterben zu Hause wieder ermöglicht und in den Lebensalltag der Menschen integriert (vgl. Strege/Busche, 1999, S. 129ff).

2.6 Orte des Sterbens

Eine weitere Aufgabe der Sterbebegleitung ist es, einen geeigneten Sterbeort für das Kind zu finden (vgl. Penn, 2005, S. 230). Die Entscheidung über den Sterbeort des Kindes kann nicht unabhängig von der Erkrankung des Kindes und den erforderlichen medizinischen Maßnahmen getroffen werden. Natürlich sollte es immer oberstes Ziel sein, dem betroffenen Kind ein Sterben zu Hause zu ermöglichen, falls es dies wünscht. Dies ist jedoch nur unter bestimmten Umständen tatsächlich zielführend und erstrebenswert (vgl. Penn, 2005, S. 238ff). Kinder sind meist schon ab einem sehr frühen Alter in der Lage, den Wunsch über ihren Sterbe- und Aufenthaltsort klar auszudrücken und sollten dazu auch befragt werden (vgl. Glanzmann/Bergsträßer, 2001, S. 26).

2.6.1 Das Kinderhospiz als Betätigungsfeld Sozialer Arbeit

»Kinderhospize haben eine durchaus andere Handlungsgrundlage und andere Handlungsziele als Hospize für Erwachsene.« (Student, 2005, S. 110)

Die wichtigste Funktion eines Kinderhospizes ist neben der Begleitung während der finalen Krankheitsphase die Unterstützung der häuslichen Betreuung, die als Zentrum der Versorgung begriffen wird (vgl. Ewers, 2005, 180f).

»Das Unterstützungsangebot ist auf die gesamte Familie ausgerichtet und steht ihr ab dem Zeitpunkt der Diagnosestellung offen.« (Ewers, 2005, S. 181)

Orientiert man sich an den Versorgungskonzepten Englands, wo die ersten Kinderhospize bereits in den 80er Jahren entstanden, würde dies nach sich ziehen, dass die Begleitung der Kinder nicht nur auf die letzten Lebenstage beschränkt ist. Diesem Konzept folgend, geht es schon im Vorfeld der letzten Krankheitsphase um Aufenthalte des Kindes im Hospiz, um eine ressourcenorientierte Pflege und psychosoziale Unterstützung des Kindes, aber auch darum, eine Entlastung der Familie zu erreichen. Einen weiteren Schwerpunkt stellen die Krisenintervention und die Übergangsbetreuung dar. Hierbei handelt es sich beispielsweise um kurzfristige Aufenthalte des Kindes im Hospiz, um eine Stabilisierung des häuslichen Settings und gesamten Familiensystems herbeizuführen. Auch Klinikaufenthalte des Kindes sollen dadurch weitestgehend vermieden werden. Eine weitere Basisaufgabe des Hospizes ist natürlich auch eine Begleitung des Kindes während des Sterbens. Prinzipiell ist es in dieser konzeptionellen Ausrichtung auch möglich, dass das Kind zu Hause verstirbt und nach Eintritt des Todes in die Einrichtung zurückgebracht wird, um den Angehörigen Möglichkeiten zur Aufbahrung, des Abschiednehmens und der Trauerbegleitung zu geben. Ein weiteres besonderes Angebot sind Aufenthalte der Angehörigen im Hospiz nach dem Versterben des Kindes (vgl. Wingenfeld, 2005, S. 181ff).

»Kinderhospize verbinden; sie sind nicht Inseln, sondern Brücken.« (Student, 2005, S. 110)

Die Angebote für die sterbenden Kinder sind in den Hospizen meist sehr zahlreich und werden speziell auf ihre besonderen Bedürfnisse abgestimmt. Einen Schwerpunkt stellen natürlich die körperbezogenen und pflegerischen Tätigkeiten dar. Es geht jedoch auch darum, den Kindern einen möglichst großen Erfahrungsraum in Bezug auf ihre Wahrnehmungsfähigkeiten anzubieten, ihre bestehenden Ressourcen zu fördern und soziale Kontakte zu ermöglichen. Ein weiteres Hauptaugenmerk wird auf Stimulation, Entspannung und psychosoziale Betreuung gelegt. Es geht hierbei um individuelle Beschäftigungsprogramme, Gruppenaktivitäten und auch basale Stimulation (vgl. Wingenfeld, 2005, S. 184f). Die Hospizbewegung legt auch großen Wert auf die Kooperation mit anderen Institutionen und Organisationen (vgl. Student, 2005, S. 110).

Die oben genannten Handlungsgrundlagen und Handlungsziele stellen eine besondere Herausforderung an die psychosozialen Grundkompetenzen und spezifischen Methoden der Sozialen Arbeit. Das sozialpädagogische Methodenset soll der Sozialen Arbeit den Zugang zu und die Zusammenarbeit mit den Kindern und Jugendlichen erleichtern und Methoden der Gemeinwesenarbeit fördern, insbesondere die Einbeziehung des sozialen Nahraums bis hin zu den Nachbarn und Stadtteilen (vgl. Student u.a., 2007, S. 97).

2.6.2 Das Kinderzimmer als Sterbeort

Da sich zu Hause sterbende Kinder in der Familie in einer ihnen Sicherheit, Geborgenheit und Trost gebenden vertrauten Umgebung befinden, bietet das Sterben im häuslichen Bereich erhebliche psychologische und soziale Vorteile (vgl. Wellendorf, 2005, S. 68). Bevor an eine Betreuung des sterbenden Kindes zu Hause gedacht wird, sollte die Begleiterin jedoch gemeinsam mit allen Betroffenen klären, ob die Eltern in der Lage sind, dem Kind ihre Liebe zu vermitteln, seine Anwesenheit als Bereicherung zu sehen, auf seine Wünsche einzugehen und sich gemeinsam auf das Sterben vorzubereiten. In Bezug auf die Eltern und Geschwister muss auch geklärt werden, ob die Eltern mit der Pflege des Kindes nicht überfordert sind, und ob noch Zeit für die Geschwister bleibt. Auch die räumlichen und sachlichen Gegebenheiten müssen beachtet und überprüft werden (vgl. Penn, 2005, S. 239). Die Betreuung zu Hause erfordert eine gute Organisation und Zusammenarbeit. Eine Grundvoraussetzung für die Versorgung zu Hause ist eine regelmäßige Betreuung seitens des zuständigen Krankenhauses und des Hausarztes (vgl. Fitzgerald/Toplak, 1995, S. 99). Verschiedenste andere Hilfestellungen können durch Dienste der ambulanten Krankenpflege, Putzdienste, Wäschedienste, »Essen auf Rädern«, Familienhilfen und vielen weiteren Institutionen geleistet werden. Hierbei ist es wiederum eine Aufgabe von Sozialarbeiterinnen, verschiedenste Unterstützungen, notwendige Pflege- und Hilfspersonen und die nötigen Mittel zu organisieren, um dadurch die Versorgung zu Hause zu gewährleisten. Sozialarbeiterinnen können auch das Umfeld aktivieren, wie zum Beispiel die Organisation einer Hausaufgabenhilfe für Geschwisterkinder, die Sicherstellung von Fahr-, Koch- und Essensdiensten für die Familie (vgl. Glanzmann/Bergsträßer, 2001, S. 33).

2.6.3 Sterben im Krankenhaus

Einige Kinder sehen in der Abteilung des Krankenhauses eine zweite Heimat und äußern auch den Wunsch, im Krankenhaus sterben zu wollen. Die Entscheidung für das Krankenhaus als Sterbeort ist eine subjektive Entscheidung und von vielen einzelnen Faktoren, wie beispielsweise vom medizinischen Bedarf, abhängig (vgl. Penn, 2005, S. 242).

Dieses Kapitel brachte die Erkenntnis, dass das Sterben eines Kindes immer individuell verläuft, dass es hinsichtlich der Vorstellungswelt des betroffenen Kindes dennoch einige relevante Einflussfaktoren, wie beispielsweise das Alter, gibt. Kinder wissen zumeist über ihren Gesundheitszustand Bescheid und teilen dies ihrer Umgebung mittels verbaler und nonverbaler Symbolsprache mit. Trauer findet nicht nur bei Hinterbliebenen, sondern auch bei Sterbenden selbst statt. Insbesondere in der Begleitung schwerstkranker sterbender Kinder ist ein Verstehen ihrer Symbolsprache Voraussetzung für eine adäquate Begleitung, und eine Kenntnis der einzelnen Trauerphasen ist sehr hilfreich. Die Phasen des Sterbens sind gekennzeichnet von verschiedenen Bedürfnissen, Ängsten und Empfindungen, welche im Begleitungsprozess dringend beachtet werden müssen. Die Aufgaben an die Begleitung sterbender Kinder umfassen zahlreiche Dimensionen und sind auch vom Ort des Sterbens abhängig. Der Tod von Kindern hinterlässt immer schmerzerfüllte trauernde Eltern und Geschwister, die einer besonderen Bewältigungsaufgabe

ausgesetzt sind, mit welcher sich die folgenden beiden Kapitel auseinandersetzen werden.

3 Trauernde Eltern

Dieses Kapitel beschäftigt sich mit Eltern sterbender und bereits verstorbener Kinder und ihren Bewältigungsstrategien und Verarbeitungsweisen des Verlustes sowie mit den Auswirkungen auf Partnerschaft und Umgang mit weiteren Kindern. Ebenso werden die Rolle der Todesart und die Bedeutung von Trauer- und Bestattungsritualen für den Trauerprozess herausgearbeitet. Die Trauerbegleitung wird als mögliche Aufgabe für Sozialarbeiterinnen dargestellt.

3.1 Vom Wesen der Trauer

»Das Wort Trauer bedeutet nach alt- und mittelhochdeutschem Sprachgebrauch nichts anderes als Niederfallen, matt- und kraftlos werden, den Kopf sinken lassen, die Augen niederschlagen.« (Specht-Tomann/Tropper, 2004, S. 34)

Trauer ist eine kulturspezifisch erlernte soziale Kompetenz, die uns erlaubt, Mitgefühl mit Trauernden zu haben und eigene Verhaltensweisen im Umgang mit Trauer normiert. Aus psychoanalytischer Sicht ist es die Fähigkeit, die psychische Energie, die man in ein nun verloren gegangenes Objekt investiert hat, von diesem abzuziehen und in ein neues Objekt zu investieren (vgl. Jerneizig, 2007, S. 213). Der Ausdruck der Trauer ist immer kulturspezifisch. So ist das Aussprechen von Gefühlen in der einen Kultur akzeptiert und sozial erwünscht und in der anderen verpönt (vgl. Fitzgerald/Toplak, 1994, S. 79). Trauer als Heilungsprozess kann eine überwältigende und einsame Erfahrung sein (vgl. Kübler-Ross/Kessler, 2006, S. 246).

»Trauer ist ein Bemühen der Seele, das Geschehen zu begreifen.« (Tausch-Flammer/Bickel, 1998, S. 46)

Trauer kann als innerer Vorgang, welcher uns hilft, mit dem Verlust fertig zu werden und uns an die neue Situation anzupassen, verstanden werden. Trauer ist ein anstrengender Prozess emotionaler Arbeit (vgl. Student, 1999, S. 133), ebenso komplex wie schmerzhaft, und dient letztlich der Ablösung vom Verlorenen. Trauer wandelt sich ständig, fließt sie, kann sie nach außen gelangen, bleibt sie in uns, wirkt sie zerstörerisch (vgl. Salzmann, 2009, S. 209).

»Trauer ist ein innerpsychischer Prozess enormer Vielfalt und Komplexität mit einer verwirrenden Fülle psychischer und sozialer Symptome.« (Jerneizig, 2007, S. 213)

Ritter beschreibt Trauer in erster Linie als seelische Arbeit, und die wirksamste Hilfe sei, den Trauernden auf dem langen Weg zu begleiten, ohne dabei Abkürzungen zu suchen (vgl. Ritter, 2003, S. 82). Laut Canacakis ist Trauer eine spontane, natürliche, normale, verständliche und letztlich lebensnotwendige Reaktion des Organismus eines Individuums auf Verlust, Trennung und Abschied (vgl. Canacakis, 2000, S. 24 und Canacakis, 2005, S. 220). Die Trauernde selbst kann sich als antriebsarm, müde und lethargisch, aber auch voller innerer Unruhe und Anspannung erleben. Trauer kann sich durch psychosomatische Beschwerden wie Herzbeschwerden, Zittern, Appetitlosigkeit und Schlafstörungen ausdrücken (vgl. Stähli, 2004, S. 127f). Funktionelle Störungen des Magen-Darm-Traktes, des Herz-Kreislauf-Systems und des Nervensystems sowie chronische Schmerzsyndrome, Angst- und Anpassungsstörungen, posttraumatische Belastungsreaktionen und Depressionen können ebenso die Folge sein. Die erhöhte Anfälligkeit für Infekte, hormonelle und autoimmune Erkrankungen sowie psychische Symptome resultieren aus einer vermehrten Produktion von Stresshormonen, die zu einer Unterdrückung des Immunsystems und zu einer Verschiebung des Hormonhaushaltes führen (vgl. Wiese, 2009, S. 211). Das Gefühlsspektrum kann von Erleichterung und Freude, über Starrheit und Empfindungslosigkeit, bis hin zu Schuld, Angst, Wut und Verzweiflung reichen (vgl. Stähli, 2004, S. 127f). Gefühle wie Angst, Aggression und Begehren werden zum größten Teil durch ein angeborenes Reiz-Reaktion-Schema ausgelöst, welches man auch als emotionalen Reflex verstehen kann (vgl. Fleck-Bohaumilitzky/Fleck, 2008, S. 22). Gefühle in der Trauer wechseln oft abrupt, und das Zeitgefühl und die Wahrnehmung verändern sich während einer Trauerphase (vgl. Hinderer/Kroth, 2005, S. 26). Tränen können innerhalb des Trauerprozesses als wunderbarer innerer Mechanismus des Heilwerdens begriffen werden, welcher leider von vielen Menschen unterdrückt wird. Tränen sind ein Zeichen unserer Gefühle und letztlich von uns selbst (vgl. Kübler-Ross/Kessler, 2006, S. 61ff). Medizinisch gesehen enthalten Tränen Stresshormone, der Körper ist entlastet, wenn diese ausgeschieden sind (vgl. Ritter, 2003, S. 85). Tränen lindern nachweislich den emotionalen Stress der Trauernden (vgl. Worden, 2007, S. 38). Ein wesentlicher Aspekt innerhalb der Trauerverarbeitung sind auch Träume. Träume werden sowohl von Verena Kast[5] als auch von Elisabeth Kübler-Ross[6] als wichtige und hilfreiche Mittel der eigenen Psyche zur Verarbeitung von schrecklichen Ereignissen, wie es der Tod eines geliebten Menschen ist, genannt. Überdies können Träume als diagnostische Anhaltspunkte herangezogen werden, um zu erkennen, wo eine Person im Trauerprozess steht (vgl. Worden, 2007, S. 37).

3.1.1 Vorbereitender Schmerz

»Auf die Frage, wann die Zeit der größten Trauer war, nennt eine Mutter viele Jahre nach dem Tod ihrer 23-jährigen Tochter den Zeitpunkt der Diagnosestellung, als diese 14 Jahre alt war.« (Ritter, 2003, S. 19)

Nur wenn das Kind plötzlich stirbt, beginnt die Trauerarbeit erst mit dem Tod des Kindes. Im Falle einer tödlich endenden Erkrankung eines Kindes beginnt die Trauerarbeit schon lange Zeit davor. Diese Vortrauer ist der Beginn des Trauerprozesses und kann, muss aber nicht, den Eltern dabei helfen, sich auf Kommendes vorzubereiten. Alle Stadien des Trauerns (Leugnen, Zorn, Verhandeln, Depression und Zustimmung) können laut Kübler-Ross schon innerhalb der Zeit dieser Vortrauer auftreten. Es kann aber ebenso sein, dass Schuldgefühle entstehen, da die Eltern, obwohl das Kind noch lebt, schon Trauergefühle empfinden (vgl. Kübler-Ross/Kessler, 2006, S. 17). Diese vorbereitende Trauer kann einsetzen, wenn der Tod des Kindes absehbar wird, aber auch schon mit der Diagnosestellung oder dem Auftreten der ersten Krankheitssymptome (vgl. Ritter, 2003, S. 19). Je mehr von dieser Trauer bereits im Vorfeld stattgefunden hat, desto mehr an Vorbereitung ist bereits für den endgültigen Abschied getan (vgl. Ritter, 2003, S. 20). Als vorbereitender Schmerz ist auch jener anzusehen, wenn Eltern beginnen, sich damit auseinanderzusetzen, dass sie ihr Kind nie im Hochzeitskleid sehen werden

---

5 Kast, Verena: Trauern. Phasen und Chancen des psychischen Prozesses. Stuttgart: Kreuz Verlag 1999.
6 Kübler-Ross, Elisabeth/Kessler, David: Dem Leben neu vertrauen. Den Sinn des Trauerns durch die fünf Stadien des Verlustes finden. Stuttgart: Kreuz Verlag 2006, S. 72-75.

und nie Enkelkinder haben werden (vgl. Kübler-Ross, 2003, S. 69ff). Somit kann diese vorwegnehmende Trauer zwar als ein Stück innerer Vorbereitung gesehen werden, jedoch ist der tatsächliche Eintritt des Todes ein Ereignis, das immer eine emotionale Grenzerfahrung darstellt (vgl. Stähli, 2004, S. 137).

3.1.2 Dauer der Trauer

>Ich denke immer, diese schwere Zeit hat jetzt aufgehört, und dann scheint es wieder von vorne anzufangen. Ich bin dann wieder ganz am Anfang.« (Tausch-Flammer/Bickel, 1998, S. 51)

Der innere Trauerprozess kann als Reise, die nicht an einem bestimmten Tag oder Termin endet und in deren Verlauf man bessere und schlechtere Tage erlebt, beschrieben werden (vgl. Kübler-Ross/Kessler, 2006, S. 146). Es gibt kein definiertes Zeitmaß für die Dauer der Trauer, vielmehr hängt diese zeitliche Ausdehnung von einer Vielzahl von Faktoren ab. Einfluss auf die Dauer der Trauer haben unter anderem die Art und Weise, wie der Verstorbene ums Leben kam, die Art der Beziehung mit der verstorbenen Person, emotionale und soziale Hilfen für den Hinterbliebenen, weitere Verluste in letzter Zeit, Gesundheit und die Einstellung zum Tod. Darüber hinaus kann die Trauer auch nach Jahren durch einen weiteren Todesfall oder verschiedene andere Dinge reaktiviert werden (vgl. Holzbeck, 2006, S. 269). Viele Eltern sind erstaunt über die Tiefe und Länge ihrer Trauer und definieren diese oft sehr schnell als abweichend (vgl. Lothrop, 2005, S. 54).

3.2 Prozess der Trauer

>Auch der Verlust eines Kindes kann verkraftet werden. Nicht in dem Sinne, daß Eltern jemals ihren Schmerz vergessen – aber daß sie lernen können, ihn als einen Teil ihrer Identität zu akzeptieren, um dann irgendwann auch wieder Freude empfinden zu können.« (Bode, 1996, S. 149)

Als Bedingungen für einen gelungenen Trauerprozess können die Akzeptanz der Realität des Verlustes, das Durchleben des Trauerschmerzes, die Anpassung an eine Umwelt ohne die Verstorbene und die Neuinvestition von emotionaler Energie in andere Dinge gesehen werden (Student, 1999, S. 133).

»Eine Grundvoraussetzung für einen heilsamen Weg ist, dass alles, was ich zeigen will, unbewertet ans Tageslicht kommen darf. Alle Gedanken, alle Gefühle, alle Erinnerungen, alle Verhaltensweisen, die menschenmöglich sind, sollten Raum haben.« (Ritter, 2003, S. 13)

Faktoren, die wesentlich zu einer gesunden und heilsamen Trauerreaktion beitragen, sind unter anderem Unterstützung durch Partner/in, Familien und das soziale Umfeld, Annahme und Akzeptanz, dass jeder anders trauert, Besuch von Selbsthilfegruppen, Rituale, würdevoller Abschied vom Verstorbenen und der Rückgriff auf Ressourcen, die schon in vorhergehenden Krisensituationen hilfreich waren (vgl. Salzmann, 2009, S. 216f)

3.2.1 Reaktionen und Gefühle innerhalb des Trauerprozesses

»Trauer um ein verstorbenes Kind ist kein vorübergehender Prozess, sondern ein fortwährender. Der Wortsinn procedere (=voranschreiten) impliziert nicht, dass dieses Voranschreiten ein Ende haben muss.« (Wiese, 2009, S. 27)

Stirbt ein Kind, bedeutet dies, dass das gesamte System Familie durch den Eintritt des Todes in eine Krisenzeit gerät und in seiner Stabilität gefährdet sein kann (vgl. Stähli, 2004, S. 28). Der Tod des Kindes führt dazu, dass das Verhalten der Eltern zunächst unkalkulierbar wird. Ein Teil erscheint versteinert und verhält sich wie ein Roboter, der andere schreit, tobt und weint (vgl. Hohn, 2008, S. 17). Eltern fühlen sich nach dem Verlust des Kindes schnell überfordert, und es kann das starke Bedürfnis entstehen, sich von dem/der Partner/in, aber auch von den Kindern zurückzuziehen. Verantwortung und Verpflichtung erscheint als unerträgliche und nicht erfüllbare Last (vgl. Tausch-Flammer/Bickel, 1998, S. 47).

»Um den Schmerz zu überwinden, muss man sich ihm stellen, ihn zulassen und durch ihn hindurchgehen, anstatt ihm auszuweichen.« (Kübler-Ross, 2003, S. 135)

Nach dem Tod des Kindes haben viele Eltern das Gefühl, es in der gewohnten Umgebung nicht mehr aushalten zu können und äußern den Wunsch umzuziehen. Dieser Schritt sollte jedoch gut überlegt und nicht überstürzt werden. Es handelt sich dabei oft um impulsive Handlungen, welche später bereut werden (vgl. Kübler-Ross, 2003, S. 135). Speziell in den ersten Tagen nach dem Tod des Kindes sehen sich die Eltern mit einer Vielzahl von zu erledigenden Dingen konfrontiert. Dies kann positiv bewertet werden, da es für die erste Zeit von der überwältigenden Trauer ablenkt. Die wahre Trauer und Einsamkeit beginnt erst, wenn das Begräbnis geschehen, die Verwandten wieder fort sind und die Nachbarn aufgehört haben, die Eltern mit Essen zu versorgen (vgl. Kübler-Ross, 2003, S. 137 und Kübler-Ross, 2005, S. 238). Im Alltag spüren die Eltern besonders die Abwesenheit des Kindes, tagtäglich bestätigt sich, dass das Kind nicht wiederkehrt. Viele Eltern berichten, dass der Verlust drei Monate nach dem Tod am intensivsten spürbar war (vgl. Ritter, 2003, S. 79f).

Nachfolgend werden einige der häufigsten erscheinenden und intensivsten Emotionen nach einem solchen Verlust geschildert:

Schuld

>Die Schuldgefühle können einerseits wirklich Dinge betreffen, die in der Beziehung nicht aufgegangen sind; sie können sich aber auch auf Entscheidungen, Verfehlungen dem eigenen Leben gegenüber beziehen.« (Kast, 1999, S. 116)

Ein besonders intensives Gefühl innerhalb des Trauerprozesses ist jenes der Schuld. Dieses Gefühl tritt in immer wiederkehrenden Fragen, ob man etwas hätte anders machen können, auf (vgl. Kübler-Ross, 2003 und 2001, S. 137f und S. 217). Ein besonderes Gefühl der Schuld tritt bei überlebenden Elternteilen von Autounfällen, Naturkatastrophen und ähnlichen auf. Hier dreht es sich wiederholt um die Frage: Warum mein Kind und nicht ich? (vgl. Kübler-Ross/Kessler, 2006, S. 93 und S. 213) Schuldgefühle gehören zu einem normal verlaufenden Trauerprozess und hängen auch stark mit Ungeklärtem zwischen der Trauernden und Verstorbenen zusammen (vgl. Kast, 1999, S. 108). Schuldgefühle können bei Eltern auch hinsichtlich der Geschwisterkinder entstehen, da sie die Situation und die Bedürfnisse der Geschwisterkinder kennen, sich jedoch nicht in einem angemessenen Maße um sie kümmern können (vgl. Ritter, 2003, S. 52). Es kann im Laufe der Auseinandersetzung mit der Schuldfrage jedoch auch zu Schuldprojektionen an Ärztinnen, Polizei, Lehrerinnen oder Mitschülerinnen kommen, die bis zur Besessenheit führen können (vgl. Hohn, 2008, S. 62) Hinsichtlich des Schuldgefühls spielt die Todesart des Kindes eine signifikante Rolle. So haben Eltern, deren Kind durch einen Unfall stirbt, wegen möglicher falscher Entscheidungen ihrerseits häufiger Schuldgefühle. Hinsichtlich Erkrankungen wird die Machtlosigkeit gegenüber dem Tod eher zugestanden (vgl. Schiff, 1986, S. 53).

Hass und Zorn

Hass ist eine wesentliche Emotion, die zum Trauererlebnis gehört. Dieser Hass kann sich sowohl gegen eine göttliche Instanz richten als auch gegen das Kind, das einen verlassen hat (vgl. Kast, 1999, S. 20). Alle Helferinnen, sowohl Ärztinnen als auch Sozialarbeiterinnen, müssen darauf gefasst sein, dass sich diese Emotion gegen sie richten kann. Vor allem wenn die Umstände des Todes besonders sinnlos und vermeidbar erscheinen, kann Hass und Zorn in der Trauer sogar überwiegen. Diese Emotion zu erleben, ist eine natürliche Reaktion und sollte keinesfalls als abnorm oder als abweichend angesehen werden (vgl. Cook/Phillips, 1995, S. 14f). Wut und Aggression können schon durch bloßes Aussprechen abgebaut werden. Des Weiteren ist das Schreiben, beispielsweise eines Tagebuches, ein guter Schritt, um diese Gefühle zum Ausdruck zu bringen, aber auch laut schimpfen und schreien, etwas zerreißen (z.B. Zeitungen), auf etwas schlagen (Polster, Matratze), trampeln und stampfen oder die Umwandlung der Wut in kreative Ausdrucksformen, wie malen, töpfern, oder in Arbeit, wie Brot kneten oder Holz hacken, können hilfreich sein (vgl. Lothrop, 2005, S. 121)

3.2.2 Darstellungen des Trauerprozesses

> »Kenntnis über Trauerphasen zu haben, kann helfen, den Facettenreichtum der Gefühle und die vielschichtigen Erfahrungen von Trauernden besser zu verstehen.«
> (Wiese, 2009, S. 30)

Das Wissen über die Trauerphasen kann verwaisten Eltern und Geschwistern eine Richtung angeben, wenn die Orientierungslosigkeit groß ist. Es bewahrt Trauernde davor, freischwebend begleitet zu werden. Es ist jedoch für Begleiterinnen notwendig, auch von diesen Modellen abrücken zu können und Trauernde auf ihrem individuellen Weg zu begleiten (vgl. Wiese, 2009, S. 29).

Hinsichtlich der Darstellung der Trauerphasen möchte ich mich im Folgenden an die Schweizer Psychologin Verena Kast anlehnen, da diese zehn Jahre lang Material zu diesem Thema gesammelt, dieses in Beziehung zur neueren

Literatur gesetzt hat (vgl. Kast, 1999, S. 11) und ihre Ergebnisse in vielen Fachpublikationen angeführt werden (vgl. Salzmann, 2009, S. 209). Einige andere Modelle möchte ich der Vollständigkeit halber folgend jedoch zuvor benennen.

Die Sterbeforscherin Kübler-Ross hat hinsichtlich der Trauer ein fünfstufiges Phasenmodell (Leugnen, Zorn, Verhandeln, Depression und Zustimmung) erstellt. Diese Darstellung des Trauerprozesses soll ihr zufolge dabei helfen, Gefühle einzuordnen und zu bestimmen (vgl. Kübler-Ross/Kessler, 2006, S. 20).

Ein weiteres Trauer-Phasenmodell, welches aus den Empfindungen und Deutungen der Trauernden selbst abgeleitet und mittels Methapern (Bildern) dargestellt wird, erstellte die niederländische Trauerpädagogin Ruthmarijke Smedling. Dieses Modell setzt sich aus der Schleusenphase (Zeit zwischen Tod und Beerdigung), der Phase des Januskopfes (Blick nach vorne und zurück), Zeit des Labyrinths (Zeit des ständigen Suchens) und der Regenbogenzeit (Zeit der neuen Verbindung) zusammen (vgl. Burgheim, 2006b, S. 117).

Auch der britische Sterbeforscher John Bowlby hat versucht, den Trauerverlauf in Phasen darzustellen. Die erste Phase ist ihm zufolge Schock, Zusammenbruch und Leugnen. Danach folgt die Reaktionsphase über das Stadium des Suchens hin zur Bearbeitungsphase mit Auflehnung, Klage, Wut, Warum-Fragen bis hin zur Neuorientierungsphase (vgl. Ritter, 2003, S. 49).

Peter Speck (1978) wiederum wählte ein dreiphasiges Modell (Schock und Unglaube, aufkeimende Erkenntnis und Auflösung).

Collin Murray weist in seiner Sichtweise der Bewältigung auf wesentlich mehr Phasen hin (Alarm, Suche, Mäßigung, Zorn und Schuld und als letzte Phase Erlangen einer neuen Identität (vgl. Cook/Phillips, 1995, S. 8)).

Der Psychologe William Worden wiederum greift in seiner Auseinandersetzung mit der Trauer auf den Bearbeitungsprozess in vier Aufgaben (Verlust als Realität anerkennen, den Trauerschmerz erfahren, sich anpassen an eine Umwelt, in der der Verstorbene fehlt, und emotionale Energie abziehen und in eine andere Beziehung investieren) zurück (vgl. Worden, 2007, S. 19-25).

3.2.3 Trauerphasen nach Kast

Das Modell der Schweizer Psychologin Verena Kast setzt sich aus vier Phasen zusammen. Die einzelnen Phasen können schon im Laufe der Vortrauer durchlaufen werden, nach dem Tod des Kindes geschieht die Auseinandersetzung jedoch von vorne. Die Darstellung darf nur als grobes Schema verstanden werden. Die einzelnen Phasen gehen ineinander über, und manche Phasen werden nur kurz durchlaufen und später wieder wachgerufen (vgl. Glanzmann/Bergsträßer, 2001, S. 104). Die zeitliche Angabe für diesen Prozess bewegt sich zwischen vier und fünf Jahren. (vgl. Glanzmann/Bergsträßer, 2001, S. 120)

Die Phase des Nicht-Wahrhaben-Wollens

Die erste Phase nach dem Tod eines geliebten Angehörigen charakterisiert sich durch Empfindungslosigkeit (vgl. Kast, 1999, S. 71). Nach Bowlby kann diese Phase einige Stunden bis hin zu etwa einer Woche dauern, wobei die zeitliche Ausdehnung bei plötzlichen Todesfällen wesentlich länger sein kann (vgl. Bowlby in Kast, 1999, S. 71). Hilfe kann in dieser Phase am besten dadurch geleistet werden, dass den Betroffenen jemand zur Seite gestellt wird, der bei der Verrichtung und Besorgung alltäglicher Dinge hilft und auch vieles von dem übernimmt, was mit dem Trauerfall zu tun hat. Es muss ein gutes Verhältnis zwischen Nähe (menschliche Wärme) und Distanz (Eigenständigkeit) gefunden werden. Die Trauernde braucht die Erlaubnis, so starr und empfindungslos zu sein, wie sie dies im Moment benötigt, und es dürfen ihr keine Vorwürfe gemacht werden, weil sie beispielsweise nicht im Stande ist zu weinen (vgl. Kast, 1999, S. 71f).

>»Diese Empfindungslosigkeit entspringt ja nicht einer Gefühlslosigkeit, sondern einem Gefühlsschock.« (Kast, 1999, S. 72)

Dieser Gefühlsschock darf nicht nur als Verdrängung einer unangenehmen Nachricht angesehen werden, sondern auch als Überwindung eines zu starken Gefühls (vgl. Kast, 1999, S. 72). Die Phase des Nicht-Wahrhaben-Wollens wird bei Eltern beispielsweise auch in Form des Diagnoseschocks beobachtbar (vgl. Glanzmann/Bergsträßer, 2001, S. 103).

Die Phase der aufbrechenden Emotionen

Nach der Überwindung der Empfindungslosigkeit kommt es zum Ausbruch der Emotionen wie Wut, Trauer und Freude. Diese Emotionen zeigen sich je nach Eigenheit der Trauernden, wobei sich Ausbrüche von Zorn und Wut mit Phasen tiefer Niedergeschlagenheit abwechseln (vgl. Kast, 1999, S. 73f). In dieser Phase wird häufig nach einem Schuldigen für den Tod des geliebten Menschen gesucht, gegen welchen sich negative Gefühle richten können. Dieser Zorn kann sich gegen Ärztinnen, den Verstorbenen selbst, aber auch gegen die eigene Person richten. Nun kommt es auch zum Aufbrechen von Schuldgefühlen, wobei es für die Helferin notwendig ist zu wissen, dass das Entstehen all dieser Gefühle wünschenswert und nicht negativ ist (vgl. Kast, 1999, S. 73ff). Das Aufbrechen dieser Emotionen wird dadurch gefördert, dass man über die verstorbene Person spricht. Teils kann auch ein Ablenken sinnvoll sein, meist ist dies jedoch ein Verdrängen der Situation. Eine Argumentation gegen diese Schuldgefühle ist nicht zielführend, wesentlich besser ist es, diese, ohne sie zu verstärken oder abzuschwächen, einfach nur zur Kenntnis zu nehmen. In aller Regel verschwinden diese von selbst wieder. Neben diesen negativ erscheinenden Emotionen taucht bei vielen Betroffenen in dieser Phase ein tiefes Gefühl der Freude, dass die Beziehung mit der Verstorbenen überhaupt existiert hat, auf. In dieser Phase ist es einfach nur wichtig, dass die Begleiterin wirklich anwesend ist, zuhört und vor allem nicht die eigenen Trauererlebnisse zum Besten gibt. Die Begleiterin muss in der Lage sein, dieses wechselnde Emotionschaos durch- und auszuhalten (vgl. Kast, 1999, S. 76f). Die Begleiterin sollte in dieser Phase darauf achten, Gefühlsausbrüche nicht als Störungen fehlzudeuten und Wut und Zorn ebenso zu akzeptieren wie Depression. Den Betroffenen sollte es möglich sein, ihre Probleme auszusprechen, ohne dass die Begleiterin diese Emotionen oder Aussagen bewertet oder interpretiert (vgl. Specht-Tomann/Tropper, 2004, S. 37f).

Die Phase des Suchens und Sich-Trennens

Das Suchen in dieser Phase kann sehr real ausgeprägt sein und sich beispielsweise auf Örtlichkeiten, die die Verstorbene geliebt hat, oder auf Tätigkeiten und Vorlieben richten. Betroffene Eltern suchen beispielsweise bei anderen Kindern nach Ähnlichkeiten zu ihrem eigenen oder Geschwister übernehmen Verhaltensweisen des verstorbenen Kindes. Das Suchen kann als ein Retten der alten Gewohnheiten, als Widerstand gegen die Veränderung, aber auch als Auseinandersetzung mit der Verstorbenen gesehen werden. Das vermeintliche Finden stürzt die Betroffenen in ein erneutes emotionales Chaos (vgl. Kast, 1999, S. 78).

>Das Suchen geschieht unwillkürlich. Die Trauerarbeit scheint mir dort gelungen zu sein, wo dem Finden immer wieder auch der Aspekt des Sich-trennen-Müssens, des Verlassen-Müssens folgt und wo diese Trennung akzeptiert wird.« (Kast, 1999, S. 81)

In dieser Phase kommt es wie in allen anderen auch zu Depression, Verzweiflung und Apathie. Die Phase kann Wochen bis Jahre dauern, wobei jedoch nach Erfahrung von Frau Kast die Intensität des Suchens immer mehr abnimmt, je mehr die Trauernde ihre chaotischen Emotionen äußern konnte. Betroffene sollten in dieser Phase nicht dazu gedrängt werden, das Suchen aufzugeben. Natürlich kann es für Begleiterinnen sehr anstrengend und ermüdend sein, sich immer wieder dieselbe Geschichte oder Phantasien anhören zu müssen, aber auch dies ist eine Form des Suchens und Findens (vgl. Kast, 1999, S. 82). In dieser Phase versucht man herauszufinden, was sich durch das Leben mit der Verstorbenen im eigenen Leben verändert hat. Die Trauernde ruft sich den Lebensweg mit der Verstorbenen in Erinnerung und die Wünsche, die die Verstorbene uns eigentlich erfüllen sollte, als eigene Wünsche, die wir uns nun vielleicht selbst erfüllen, ins Gedächtnis. Das Problem in Bezug auf die Trauer um Kinder ist nun, dass wir unmöglich diese gesamte mit dem Kind verbundene Hoffnung auf Zukunft selbst einlösen können. So wird die Hoffnung auf den Neubeginn häufig auf ein anderes nachfolgendes Kind übertragen. Diese Kinder werden häufig mit dem verstorbenen Kind verglichen. Eltern erwarten hierbei unbewusst, dass das nachgeborene Kind das vorangegangene ersetzt und geben diesem gar nicht die Möglichkeit, sein eigenes Wesen zu zeigen. Ein weiteres Problem ist die starke Tendenz, das verstorbene Kind zu idealisieren (Kast, 2005, S. 164f). Auch in dieser Phase ist es von großer Bedeutung für die Helferin, geduldig zu sein und der Betroffenen Zeit zuzugestehen, die verschiedenen Formen des Suchens auszuhalten und Aufmerksamkeit auch auf suizidale Hinweise zu lenken. Überdies sollte die Trauernde bei Neuorientierungen unterstützt werden (vgl. Specht-Tomann/Tropper, 2004, S. 38).

Die Phase des neuen Selbst- und Weltbezugs

Eine Voraussetzung für das Erreichen dieser Phase ist, dass das verstorbene Kind zu einer Art inneren Begleiterin geworden ist. Je besser sich die Trauernde nun in die neue Rolle hineinfindet, desto eher gewinnt sie ihr Selbstvertrauen und ihre Selbstachtung wieder. Eine besondere Gefahr besteht in dieser Phase für die Begleiterinnen, welche hier schnell hemmend wirken können, wenn sie die neue Selbstständigkeit der Trauernden nicht akzeptieren können (vgl. Kast, 1999, S. 83f).

> »Es gehört zu einem gelungenen Trauerprozess, dass der Trauernde sich verändert und demgemäß natürlich neue Beziehungen eingeht.« (Kast, 1999, S. 84)

Die Verstorbene als innere Figur zu sehen, kann sich jedoch auch negativ auswirken. Dies geschieht dann, wenn sich die Persönlichkeit der Verstorbenen über die der Trauernden legt und somit ein neuer Welt- und Selbstbezug unmöglich wird. Der wirklich neue Welt- und Selbstbezug zeichnet sich dadurch aus, dass der Verlust akzeptiert ist und es zum Entstehen neuer Lebensmuster kommt. Auch in dieser Phase kann es immer wieder zu Rückfällen kommen. Es ist wichtig, dass sowohl die Begleiterin als auch die Betroffene selbst von der Möglichkeit dieser Rückfälle wissen, wobei diese richtig betrachtet vielmehr auch Möglichkeiten darstellen, Verlusterfahrungen und das Erlebnis eines großen Verlusts noch einmal aufzuarbeiten (vgl. Kast, 1999, S. 84f). Die Begleiterin sollte nun den Prozess des Loslassens unterstützen und nicht an der Hilflosigkeit der Trauernden festhalten. Darüber hinaus ist es jedoch überaus ratsam, für mögliche Rückfälle sensibel zu bleiben (vgl. Specht-Tomann/Tropper, 2004, S. 39).

Probleme in den einzelnen Trauerphasen

Es gibt innerhalb des nach Kast beschriebenen Phasenverlaufs der Trauer mehrere spezifische Gefahren, dass es zu einem abweichenden Trauerverlauf kommt. In der Phase des Nicht-Wahrhaben-Wollens besteht laut Kast die Gefahr, dass Betroffene versuchen, das Geschehene durch Flucht in die »Geschäftigkeit« aus ihrem Leben zu verdrängen. Bowlby, Deutsch, Volkan sowie Kast beschreiben diese Menschen, die bewusste Trauer vermissen lassen, als auf ihre Unabhängigkeit und Kontrolliertheit stolze Menschen, die Gefühlsneigungen gegenüber abgeneigt sind und Tränen als unangebrachte Weichheit auffassen (vgl. Kast, 1999, S. 95). Als Folge dieses Umgangs mit der Trauer kommt es oft zu psychosomatischen Beschwerden wie Kopfschmerzen und Schlaflosigkeit, aber auch zu exzessivem Trinken (vgl. Bowlby, S. 153 in Kast, 1999, S. 98). Ein weiterer Ausdruck für Schwierigkeiten in dieser Phase ist es, dass sich der Betroffene stark um andere kümmert, die jemanden verloren haben, um sich so auf verschobene Weise um die eigene Trauerarbeit zu kümmern. Menschen, die in dieser Phase steckenbleiben, wollen Trauer überhaupt vermeiden (vgl. Kast, 1999, S. 101ff). Menschen, die in späteren Phasen steckenbleiben, finden nicht mehr aus ihrer Trauer heraus, und die Trauer wird chronisch. Diese Menschen sind von der Trauer überwältigt und blockieren den Wandlungsprozess (vgl. Kast, 1999, S. 104). In der Phase der aufbrechenden Emotionen können vor allem verdrängte Schuldgefühle zum Problem werden (vgl. Kast, 1999, S. 113). In der Phase des Suchens und Sich-Trennens erscheint die Suizidgefahr am größten zu sein (vgl. Kast, 1999, S. 117).

3.2.4 Pathologische oder abweichende Trauer

»Trauer ist keine Krankheit, kann aber krank machen, wenn wir sie ihn ihrem Ausdruck behindern.« (vgl. Canacakis, 2005, S. 197)

Verdrängte, unabgeschlossene Trauerprozesse können Auslöser für Depressionen sein (vgl. Kast, 1999, S. 93). Die Gefahr der pathologischen Trauer wird wesentlich davon mitbestimmt, ob die Person die Möglichkeit zu trauern überhaupt hat (vgl. Kast, 1999, S. 21), aber auch von Faktoren wie der angeborenen Vulnerabilität (vgl. Hohn, 2008, S. 75). Es gibt viele Konstellationen, die eine pathologische oder abweichende Trauerreaktion begünstigen und sich belastend auf die Trauerreaktion auswirken. Diese sind unter anderem ein langes Siechtum vor dem Tod, zusätzlicher Kampf um das eigene Leben (z.B. Krieg), konfliktreiche Beziehung zum/r Partner/in, soziale Nöte, geringe Unterstützung, geringes Selbstwertgefühl, unverarbeitete frühere Verluste oder auch seelische Erkrankungen (vgl. Salzmann, 2009, S. 214f). Eine Einschätzung hinsichtlich abweichender Trauerreaktionen kann erst bei längerer kompetenter Trauerbegleitung erfolgen (vgl. Hohn, 2008, S. 75). Dem Trauerforscher Ben zufolge fallen eine ausgeprägte behandlungsbedürftige depressive Symptomatik oder eine mehrjährige depressive Entwicklung, die Chronifizierung körperlicher Beschwerden und phobischer bzw. angstneurotischer Symptome, eine auffallend gemäßigte bis fehlende Trauer oder Suchtmittelmissbrauch und Selbstmordgefährdung in das Spektrum abweichender Trauererreaktionen (vgl. Salzmann, 2009, S. 212). Eine wichtige Unterscheidung zwischen Trauer und einer abweichenden Depression ist es auch, dass die Trauernde zumindest zeitweise eine Hoffnung auf Erholung und Überwindung des Zustandes hat, die Depressive hingegen von Hoffnungslosigkeit, Ohnmacht, Mutlosigkeit und Resignation geprägt ist. Trauernde definieren ihren Zustand in Hinblick auf das Erlittene zumeist als normal, Depressive fühlen sich häufig krank, leidend und anders (vgl. Salzmann, 2009, S. 214). Suizidgedanken sind in Phasen der Trauer sehr häufig (vgl. Kast, 1999, S. 20 und Kübler-Ross/Kessler, 2006, S. 226f). Der Schmerz wird in diesen Phasen überwältigend, und es kommt der Wunsch auf, dem geliebten Menschen zu folgen (vgl. Kübler-Ross/Kessler, 2006, S. 226f). Suizide sind häufig, wenn es zum Verlust mehrerer Personen gleichzeitig oder in kurzen Abständen hintereinander kommt und eine fehlende oder kränkende Reaktion der Umgebung vorherrscht. Ausschlaggebend kann auch der Übergang der Trauer in eine Depression, Suchtmittelmissbrauch und das Vermeiden oder die Unfähigkeit zu trauern sein. Generell sind Männer von Suiziden eher betroffen als Frauen (vgl. Salzmann, 2009, S. 212f). Der Suizidgefahr kann dadurch entgegengewirkt werden, dass Eltern ihre Selbsttötungsgedanken aussprechen dürfen. Deshalb sollte das Thema der Suizidalität auch in jeder verantwortlichen Form der Trauerbegleitung angesprochen werden (vgl. Student, 2005, S. 132).

3.3 Partnerschaft in Zeiten der Pflege und Trauer

»Durch den Tod eines Kindes gerät das gesamte Familiengefüge durcheinander. So wie jeder Einzelne sein Leben neu finden muss, so müssen auch die Beziehungen untereinander neu definiert und gestaltet werden.« (Wiese, 2009, S. 56)

3.3.1 Geschlechtsspezifische Unterschiede in der Trauer

»Aus einem leidtragenden Paar werden zwei trauernde Hinterbliebene. Diese zwei machen die schmerzliche Entdeckung, dass sie der Verlust eines Kindes voneinander entfernt und das in einer Lebenssituation, in der sie einander eigentlich am meisten brauchen.« (Wiese, 2009, S. 148)

Mann und Frau haben beim Verlust eines Kindes den akuten Schmerz, der beide handlungsunfähig macht, gemeinsam, sie trauern jedoch in ihrer eigenen Art und Weise (vgl. Wiese, 2009, S. 148). Der Umgang mit Trauer ist natürlich ein Ausdruck unserer Persönlichkeit und Individualität. So haben extrovertierte Persönlichkeiten generell eher das Bedürfnis, ihre Trauer nach außen mitzuteilen, introvertierte Menschen tendieren hingegen eher dazu, ihre Gefühle im Stillen mit sich selbst auszumachen (vgl. Lothrop, 2005, S. 138). Zwischen Paaren ergibt sich eine wesentliche Kluft dadurch, dass beide versuchen, sich gegenseitig zu schonen (vgl. Wiese, 2009, S. 151f).

> »Wenn es ihnen gelingt, das Schweigen zu brechen und sich von den verschiedenen Planeten, den ungleichen Wegen, den entfernten Punkten, an denen sie sich befinden, zu erzählen – dann ist schon viel gelungen.« (Wiese, 2009, S. 152)

Es erscheint äußerst hilfreich zu sein, wenn die Partner dazu ermutigt werden können, sich gegenseitig auszuhalten und die unterschiedlichen Wege im Umgang mit der Trauer zu akzeptieren (vgl. Ritter, 2003, S. 51). Es ist hierbei günstig, sich über diesen unterschiedlichen Umgang mit der Trauer auszutauschen und darüber zu sprechen, wie man die einzelnen Phasen bewältigen will. Dies fördert das gegenseitige Verständnis und die Bewältigung an sich (vgl. Tausch, 2005, S. 139).

Situation betroffener Väter

> »Wie geht es deiner Frau nach diesem schrecklichen Verlust?« (Wiese, 2009, S. 150)

Häufig berichten Männer davon, dass viele Menschen in ihrem Umfeld ihnen diese oder ähnliche Fragen stellen. Daraus wird ersichtlich, dass Väter nicht als gleichwertige Trauernde wahrgenommen werden. Männer werden auch heute noch häufig als Ernährer der Familie angesehen und sollen sich auch möglichst bald nach dem Verlust wieder in den Arbeitsprozess eingliedern. Dies hat einerseits natürlich den Vorteil, mehrere Stunden täglich in einer vorgegebenen Struktur zu sein, und andererseits den Nachteil, dass ein Mann dadurch nicht die notwendige Zeit hat, um sich mit all den unterschiedlichen Gefühlen, die der Verlust eines Kindes auslöst, auseinanderzusetzen (vgl. Wiese, 2009, S. 150). Männer haben in unserer Kultur nicht die Erlaubnis, im gleichen Maße wie eine Frau zu trauern. Deshalb halten Männer ihre Trauer oft zurück, welches wiederum von Frauen leicht als Gleichgültigkeit missverstanden wird (vgl. Lothrop, 2005, S. 134f). Männer weisen die Tendenz auf, sich mit ihrer Trauer in sich selbst zurückzuziehen, während sie nach außen versuchen, sich möglichst schnell mit dem veränderten Leben auseinanderzusetzen. Sie versuchen sich mittels des Selbstschutzmechanismus der Selbstkontrolle zu schützen (vgl. Hohn, 2008, S. 84f).

Situation betroffener Mütter

Frauen bekommen von der Gesellschaft eher die Fähigkeit zugeschrieben, Gefühle wahrzunehmen und zu benennen. Verluste erfahren Frauen in der Regel ganzheitlich seelisch, körperlich und geistig, und sie setzen sich dementsprechend emotional, mental und intellektuell damit auseinander. Dies tun sie nicht zuletzt dadurch, dass sie sich häufiger mit Verlusten, beispielsweise mit der Trennung vom Kind bei der Geburt oder der Trennung von Attraktivität, auseinandersetzen müssen (vgl. Wiese, 2009, S. 150f). Frauen leiden nach dem Tod eines Kindes sehr unter dem Gefühl, versagt zu haben, und zweifeln an ihren Fähigkeiten als Mutter (vgl. Hohn, 2008, S. 87).

3.3.2 Sexualität und Zärtlichkeit

»Judith, eine Frau Ende sechzig, sagte, dass ihre Ehe vor fünfunddreißig Jahren beinahe mit einer Scheidung geendet hätte. Sie berichtete, dass ihr Mann an dem Tag, als ihr Sohn an Krebs gestorben war, genauer gesagt: sieben Stunden danach, mit ihr schlafen wollte.« (Kübler-Ross/Kessler, 2006, S. 151)

Dieses Beispiel führt uns vor Augen, wie komplex und hochsensibel die Thematik von Sexualität und Partnerschaft in Zeiten der Pflege und des Verlusts eines Kindes ist. Die Frau empfand das Verlangen ihres Mannes nachvollziehbarerweise als unverständlich und ungehörig. Der Mann wiederum konnte erst Jahre später seine Gefühle in diesem Moment beschreiben. Ihm zufolge war es nicht die sexuelle Handlung, welche er in diesem Moment verzweifelt suchte, sondern schlicht und einfach emotionale Nähe. Er beschreibt ein Gefühl der absoluten Leere und konnte in diesem Moment auf kein anderes Mittel als jenes des Geschlechtsverkehrs zurückgreifen. Wenn Tod und Sterben als gesellschaftliches Tabu angesehen werden, so wird Sexualität in der

Zeit der Pflege und Trauer umso mehr tabuisiert. Vorweg muss bedacht werden, dass Männer und Frauen Sex und Trauer unterschiedlich erleben (vgl. Kübler-Ross, 2006, S. 151). Männer verbinden Sexualität stark damit, sich selbst zu spüren und generell Lebendigkeit zu empfinden. Frauen hingegen verbinden Sex mit Lust und Leidenschaft. Der Gedanke an oder die Ausführung von Sexualität führt teils zur Entwicklung von starken Schuldgefühlen bei Frauen (vgl. Hohn, 2008, S. 75). Und dennoch:

>Sexualität ist ein Teil des Lebens, und so kann sie auch ein Bestandteil der Trauer sein.« (Kübler-Ross/Kessler, 2006, S. 152).

Generell kann gesagt werden, dass Sexualität für jeden Menschen eine individuelle Bedeutung hat, und so haben manche bald nach dem Verlust wieder das Verlangen nach sexueller Vereinigung, andere beschließen, lange zu warten (vgl. Kübler-Ross/Kessler, 2006, S. 156). Der Verzicht auf eine sexuelle Beziehung nach dem Tod eines Kindes hat sehr viel mit der Angst vor einer erneuten Schwangerschaft und einer Wiederholung der Verlusterfahrung zu tun (vgl. Worden, 2007, S. 111). Besonders bei Frauen oder Männern, die eine Fehl- oder Totgeburt hinter sich haben, kann es geschehen, dass sich eine Abneigung gegen Sexualität entwickelt (vgl. Lothrop, 2005, S. 143). Grundsätzlich muss hier jedoch anerkannt werden, dass der Geschlechtstrieb ein Grundtrieb des Menschen ist und ihm deshalb innerhalb der Bearbeitung der Trauer dementsprechende Beachtung geschenkt werden muss (vgl. Schiff, 1986, S. 87).

3.3.3 Scheidung nach dem Tod des Kindes

In vielen Publikationen wird von der hohen Scheidungs- und Trennungsrate nach dem Tod eines Kindes gesprochen. Anja Wiese berichtet beispielsweise, dass etwa 80 Prozent der von ihr begleiteten Paare nach dem Tod des Kindes in eine vorübergehende Krise geraten (vgl. Wiese, 2009, S. 154). Ute und Johann Christoph Student geben an, dass etwa 70% aller Ehen von Eltern, deren Kind gestorben ist, innerhalb von zwei Jahren nach dem Verlust zerbrechen (vgl. Student, 2003, S. 123). Diese Rate wird auch von Worden durch eine vor mehreren Jahren durchgeführte Studie der Stanford University gestützt, wobei 70% der Eltern, deren Kinder an Leukämie gestorben waren, innerhalb der anschließenden Zwei-Jahres-Periode geschieden wurden (vgl.

Worden, 2007, S. 128). Auch Elliot geht in ihrer Auseinandersetzung von einer vier- bis fünfmal so hohen Trennungsrate als im Normalfall aus (vgl. Elliot, 2000, S. 106). Viele Autoren verweisen jedoch darauf, dass der Tod eines Kindes zwar oft ein Auslöser, aber höchst selten die Ursache für die Trennung von Paaren ist (vgl. Hohn, 2008, S. 82).

3.4 Einfluss der Todesart auf den Trauerprozess

Im Zuge der Auseinandersetzung mit dem Tod stellt sich auch die Frage, welcher Tod beziehungsweise welche Todesart für die hinterbliebenen Eltern denn besser und leichter zu verarbeiten sei. Generell kann Folgendes festgestellt werden:

> »Es gibt keinen besseren oder schlechteren Tod. Ein Verlust ist ein Verlust, und die dadurch ausgelöste Trauer ist ein subjektiver Schmerz, den nur Sie empfinden können.« (Kübler-Ross/Kessler, 2006, S. 242)

Und dennoch gibt es, je nach Todesart, hinsichtlich des Erlebens der Trauer und Trauerverarbeitung und der Rahmenbedingungen einige Besonderheiten, die in der Begleitung beachtet werden müssen (vgl. Fleck-Bohaumilitzky/Fleck, 2008, S. 31 und Voss-Eiser, 2005, S. 185). Diese möchte ich nun folgend kurz skizzieren.

3.4.1 Tödlich verlaufende Erkrankungen und Beeinträchtigungen

Wenn eine potenziell tödlich verlaufende Erkrankung bei einem Kind diagnostiziert wird, dauert es in der Regel sehr lange, bis der Ausgang dieser Erkrankung, Heilung oder Tod, feststeht (vgl. Specht-Tomann/Tropper, 2004, S. 123). Die Familie macht im Zuge der Konfrontation verschiedene Stadien der Anpassung durch (vgl. Kübler-Ross, 2005, S. 226). Eltern schwanken zwischen Hoffnung und Angst, Akzeptanz und Aggression, Tatsachen und (Vor-)Ahnungen (vgl. Uehlinger-Walter/Hassam-Godly, 1996, S. 100). Schrecken, Hilflosigkeit, Verzweiflung, Tränen und das Nicht-Wahrhaben-Wollen sind nur einige wenige Ausschnitte des Gefühlsspektrums, das Eltern nach der Diagnosestellung einer potenziell tödlich verlaufenden Erkrankung ihres Kindes erleben. Hinzu kommen auch bereits hier massive Schuldgefühle, Vorwürfe, wie nicht früh genug zum Arzt gegangen zu sein oder Symptome nicht die notwendige Beachtung geschenkt zu haben (vgl. Wellendorf, 2005, S. 62). Eine weitere Belastung für pflegende Eltern ist es, dass das Erkennen der Endphase einer Erkrankung sehr schwierig ist. So können Kinder mit zystischer Fibrose heute bis zwanzig Jahre oder älter werden. Es kommt zu einem Auf und Ab der Hoffnung auf Genesung und dem Sinken dieser bei einer Verschlechterung des Zustandes. Die Eltern befinden sich verständlicherweise in einem Zustand der emotionalen Erschöpfung, und so benötigen sie eventuell nicht nur in der Akutphase der Betreuung oder des Sterbens des Kindes, sondern auch Monate und Jahre danach Begleitung (vgl. Lugton, 1995, 7f und Worden, 2007, S. 122).

3.4.2 Fehlgeburten und Tode während oder kurz nach der Geburt

»Das nennen wir einen unaufhaltsamen Abort.«[7] (vgl. Hunziker-Jäger, 1996, S. 38)

Kinder, die während oder bei der Geburt sterben und über 500 Gramm wiegen, werden Totgeborene oder auch Stillgeborene genannt, sind bestattungspflichtig und müssen beim Standesamt gemeldet werden. Es gibt aber weder eine Geburts- noch Sterbeurkunde.[8] Totgeburten unter 500 Gramm werden als Fehlgeburten bezeichnet und müssen nicht zwangsläufig bestattet werden (vgl. Hohn, 2008, S. 20f). Auch Eltern dieser Kinder empfinden es zumeist als sehr hilfreich, dass Kind berührt, gehalten und es beim Sterben im Arm gehabt zu haben. Auch diese Kinder können mit Ritualen, wie in Punkt 5.3. beschrieben, verabschiedet werden. Als Erinnerungsstücke sind hier besonders jene Dinge wie das Armbändchen, Namenskärtchen, eine Haarlocke, Hand- und Fußabdruck oder auch ein Foto geeignet. Eltern sind in der Akutsituation meist nicht in der Lage dazu, diese Dinge einzufordern. Hier ist es besonders hilfreich und wichtig, wenn eine Hebamme oder eine Krankenschwester dies übernimmt und später die Erinnerungsstücke den Eltern zur Verfügung stellt.

Im Falle von Fehl- oder Totgeburten oder wenn Kinder kurz nach der Geburt versterben kommt es zu besonderen Problemkonstellationen. So sind Fehlgeburten oder totgeborene Kinder für die Mutter in einer anderen Art und Wei-

---

7 Aussage einer Ärztin zu einer vom vorzeitigen Verlust in der Schwangerschaft betroffenen Mutter.

8 Sobald das Kind geatmet hat, muss sowohl eine Sterbeurkunde als auch Geburtsurkunde angefertigt werden.

se Wirklichkeit als für ihre Umwelt. Die Mutter hat das Kind während der gesamten Schwangerschaft gespürt, für ihre Umwelt ist das Kind besonders dann, wenn sie es nie gesehen haben, nicht oder nicht in dieser Intensität real. Daher ist es sehr sinnvoll, wenn auch andere Menschen, wie Großeltern, Tanten und Onkel, das Baby sehen und dadurch einen anderen Zugang zu den Trauergefühlen der Mutter bekommen (vgl. Glanzmann/Bergsträßer, 2001, S. 121f und Lothrop, 2005, S. 35). Völlig unvorbereitet trifft der Tod auch jene Eltern, welche ihr Kind durch den Plötzlichen Kindstod/SIDS (= Sudden Infant Death Syndrom) verlieren. SIDS führt dazu, dass der Tod lange gar nicht als real erfasst und akzeptiert werden kann, starke Schuldgefühle entstehen und eine Verunsicherung des gesamten Umfeldes eintritt (vgl. Sutter, 1996, S. 25). Festzuhalten sei bei diesem Punkt abschließend noch, dass der Tod eines Kindes vom Augenblick der Empfängnis an als Verlust empfunden wird, und dass es somit bei Fehlgeburten und Totgeburten besonders erschwerend ist, dass die Gesellschaft bei solchen Verlusten das Bedürfnis nach Trauer nicht anerkennt (vgl. Cook/Phillips, 1995, S. 44.). Hier ist es auch außerordentlich wichtig, als Begleiterin den Verlust nicht durch den Hinweis auf die Möglichkeit einer neuen Schwangerschaft herunterzuspielen oder zu negieren (vgl. Worden, 2008, S. 115).

3.4.3 Plötzliche Todesfälle (Unfälle, Naturkatastrophen)

»Manche brauchen desto länger, den Verlust zu verarbeiten, je plötzlicher der Tod erfolgt ist.« (Kübler-Ross/Kessler, 2006, S. 238)

Bei einem plötzlichen Todesfall verändert sich die Welt schlagartig. Durch die Plötzlichkeit ist die Phase des Leugnens meist länger und intensiver, da Betroffene keine Zeit haben, sich innerlich vorzubereiten (vgl. Kübler-Ross/Kessler, 2006, S. 237ff). Überdies kommt es bei plötzlichen Todesfällen häufig zu einer Verschärfung der Gefühle der Schuld und der Hilflosigkeit. Weitere Auswirkung auf den Trauerprozess hat auch, dass sich bei plötzlichen Todesfällen immer die Justizbehörden einschalten. Bezüglich der Begleitung handelt sich hier klar um eine Kriseninterventions (vgl. Worden, 2007, S. 106).

Ein Elternteil, welches beim Unfall des Kindes oder bei einer Katastrophe selbst anwesend war, muss sich zusätzlich zu der traumatischen Erfahrung des Verlustes dem eigenen Trauma stellen (vgl. Kübler-Ross/Kessler, 2006,

S. 216). Das gesamte im Zuge der Katastrophe Erlebte kann zu einem posttraumatischen Stress-Syndrom, einer Reaktion auf ein Ereignis außerhalb der normalmenschlichen Erfahrung, führen. Dieses Stress-Syndrom ist eine emotionale Störung, verzögert die Trauer und führt zu extremen Spannungs- und Angstzuständen, zwanghaften Gedanken, Erinnerungen und Flashbacks sowie zu emotionaler Erstarrung. Im Falle des Verlustes als Folge einer tödlichen Erkrankung kann der Elternteil darüber sprechen, wie es war, die Diagnose zu erhalten, und der Krankheitsverlauf kann beschrieben werden. Bei einem Trauma ist die Erinnerung jedoch nicht linear. Es gibt Blackouts, Dinge, an die man sich nicht erinnern kann. Bei einem katastrophalen Ereignis kommt manchmal alles durcheinander. Die Leichen der Kinder können durch die Katastrophe entstellt, die Bergung verzögert, die Identifizierung erschwert sein, oder es ist gar keine Leiche vorhanden. Auch die Trauer findet unter anderen Bedingungen statt. Die Betroffenen befinden sich oft im Rampenlicht der Öffentlichkeit, sie müssen zusätzlich oft auch um das verlorene Zuhause und weitere Tote trauern. Eine große Hilfe für Betroffene können Gruppenrituale sein. Betroffene kommen beispielsweise jedes Jahr am Ort des Unglücks zusammen und stehen sich gegenseitig bei (Kübler-Ross/Kessler, 2006, S. 216 ff). Eltern, deren Kind bei einem Unfall entstellt wurde und welche trotzdem den Wunsch verspüren, dieses Kind nochmals zu sehen, sollten diesem auch folgen. Bei Geschwisterkindern muss diese Entscheidung vorsichtig abgeschätzt werden (vgl. Glanzmann/Bergsträßer, 2001, S. 123). Bei einem Tod durch einen Unfall ist es oft auch erschwerend, dass die Eltern nach dem Tod des Kindes von den Ärzten damit konfrontiert werden, ihr Kind zur Organspende freizugeben und dadurch in eine unvorstellbare Konfliktsituation gestoßen zu werden, da Eltern in den seltensten Fällen über die Wünsche ihrer Kinder in einem solchen Fall Bescheid wissen (vgl. Hohn, 2008, S. 26f).

3.4.4 Mord

»Einige grausige Zeitungsartikel und Bilder mit detaillierten Schilderungen des schrecklichen Sexualverbrechens an ihrer Tochter brachten Bellas Mutter beinahe an den Rand des Wahnsinns, aber im entscheidenden Moment erschien eine andere Mutter eines vergewaltigten und ermordeten Mädchens und half ihr, indem sie ihr erzählte, wie sie selbst mit dieser Tragödie fertig geworden war.« (Kübler-Ross, 2003, S. 143)

Eltern und Geschwister ermordeter Kinder wird neben der Vorbereitungszeit, welche beispielsweise Eltern krebserkrankter Kinder zur Verfügung steht, oft auch die Möglichkeit des Abschieds genommen. Erste Gefühle von Angst und Verwirrung stellen sich ein, wenn das Kind nicht nach Hause kommt, verzweifelte Suchaktionen beginnen, und manche Eltern werden sich bewusst, wie wenig sie über die Gewohnheiten und Aufenthaltsorte der Kinder wissen. Entsetzen, Gewissensbisse, Ungeduld, Verzweiflung, Wut und Ohnmacht sind nur einige Emotionen, die sich offenbaren, wenn erste Verdachtsmomente eines Verbrechens offenkundig werden. Wenn ein Kind einfach verschwindet, gibt es nicht so viele professionelle Personen, wie Ärztinnen, Schwestern oder Sozialarbeiterinnen, die neben den Eltern auch das Kind kannten und so an Freude und Verzweiflung, Hoffnung und Frustration teilhaben können. Betroffene Familien schwanken zwischen Hoffnung und Verzweiflung, Zorn und Schuldgefühlen, ohne diese Gefühlskonflikte wirklich jemandem mitteilen zu können. Das Auffinden des Leichnams des Kindes ist für die betroffene Familie sowohl Erleichterung im Sinne des Endes der Ungewissheit und des Wartens, aber auch Qual, da jegliche Hoffnung geschwunden ist. Auch hier ist es äußerst ratsam, dass der Leichnam so hergerichtet wird, dass Eltern ihn ansehen und so den Tod als Realität annehmen und Abschied nehmen können. Familien, deren Kinder ermordet wurden und die nicht die Gelegenheit hatten, diese nochmals anzusehen, müssen ebenso wie jene, deren Kind zwar ermordet, aber nicht gefunden wurde, meist durch einen viel längeren Prozess der Trauer gehen. Bei einem gewaltsamen Tod des Kindes sind besonders unmittelbar nach einem solchen Trauma Alkohol und Drogen die größte Gefahr. Die übertrieben rücksichtsvolle Behandlung des Umfeldes führt zu einer zusätzlichen Isolation und einem Gefühl des Alleinseins der Trauernden (vgl. Kübler-Ross, 2003, S. 139-148). Eine besonders problematische Situation ergibt sich, wenn die Verantwortliche für den Tod des Kindes nicht gefunden wird. Doch auch wenn die Täterin gefasst wurde, empfinden die Angehörigen die Strafe oft als zu milde und der Trauerprozess wird von Groll gegenüber dem Rechtssystem begleitet (vgl. Kübler-Ross/Kessler, 2006, S. 243). Bei einem so unfassbaren Geschehen wie einem Mord quält die Eltern einerseits das Gefühl, ihre Kinder nicht genügend geschützt zu haben, und andererseits verstörende Phantasien darüber, wie sehr ihr Kind gelitten hat (vgl. Hohn, 2008, S. 29)

3.4.5 Suizid

»Genauso wie Liebe und Verständnis nicht verhindern können, dass ein geliebter Mitmensch an Krebs stirbt, können sie den Suizid nicht verhindern.«[9] (Rutgers, 1996, S. 172)

Die Selbsttötung nimmt durch unser kirchlich geprägtes Denken eine besondere Randstellung in unserer Gesellschaft ein. Doch letztlich ist auch sie nur eine der vielen Varianten des Sterbens (vgl. Ennulat, 2003, S. 123). In Fällen von Suizid bürdet die Behauptung, dass sich jeder Suizid durch direkte oder indirekte Signale der Verzweiflung ankündigen würde, den Hinterbliebenen starke Schuldgefühle auf (vgl. Ennulat, 2003, S. 124). Suizid hat immer den bitteren Beigeschmack der Scham, der Schuld, des Versagens und der äußerlichen Stigmatisierung. Das Selbstbild ist zerstört. Oft erkennen betroffene Eltern, dass sie vieles über ihr Kind nicht gewusst haben, und immense Schuldgefühle quälen sie. Viele Betroffene empfinden den Suizid als gesellschaftliches Stigma und verschweigen daher oft den wahren Grund für den Tod des Familienmitgliedes. Auch darin drückt sich das Schuldgefühl aus. Bei vielen Hinterbliebenen kommt nach dem Suizid ein Gefühl der Hoffnungslosigkeit auf (vgl. Kübler-Ross/Kessler, 2006, S. 223ff). Eltern empfinden tiefste Schuld- und Versagensgefühle. Es muss hier klargestellt werden, dass der Zeitpunkt, zu dem sich ein Kind das Leben nimmt, von niemandem vorhergesagt werden kann. Oft gibt es Anzeichen und Warnsignale, diese sind jedoch meist verschlüsselt und können von der Umwelt nur schwer oder gar nicht wahrgenommen werden (vgl. Glanzmann/Bergsträßer, 2001, S. 120). Besondere Hilfen können für von Suizid Betroffenen professionelle Begleiterinnen sein, welche mit dem Prozess des Trauerns nach einem solchen Verlust vertraut sind (vgl. Kübler-Ross/Kessler, 2006, S. 223ff). Auch der Kontakt mit anderen, von einem ähnlichen Schicksal betroffenen Familien, beispielsweise im Rahmen einer Selbsthilfegruppe, kann für diese Eltern äußerst hilfreich sein (vgl. Glanzmann/Bergsträßer, 2001, S. 124f). Trauernde müssen sich zunächst mit den Schuldgefühlen befassen, um dem geliebten Menschen vergeben zu können. Danach können sie erst ihrer Trauer innerlich Raum geben und eine neue Beziehung zur Verstorbenen aufbauen (vgl. Kübler-Ross/Kessler, 2006, S. 223ff).

---

9   Aussage eines vom Suizid des 19-jährigen Sohnes betroffenen Mannes.

3.5 Begleitung betroffener Eltern

»Nie ist eine Familie als System oder Gefüge so verletzlich und bedürftig, wie angesichts des bevorstehenden Todes eines Kindes.« (Silbernagel, 1997, S. 16 in Penn,
2005, S. 233)

Der Tod eines Kindes ist eine Familienkrise in kaum zu überblickender Viel-
schichtigkeit und Dramatik. Durch das Versterben eines Kindes werden Rollen und Beziehungsstrukturen zerrissen und die Dynamik des seelischen
Gleichgewichtes jedes einzelnen Mitgliedes und der Familie als Ganzes wird
verändert (vgl. Voss-Eiser, 2005, S. 185). Um adäquate Hilfe leisten zu können, müssen wir zuerst begreifen, dass die Bedürfnisse verwaister Familien
sehr unterschiedlich sind und die Hilfssettings an diese Individualität angepasst werden müssen (vgl. Ritter, 2003, S. 127).

Im Wesentlichen gibt es drei Gruppen, die für die Begleitung trauernder Eltern eine Rolle spielen. Dies sind zunächst alle professionell Tätigen wie Therapeutinnen, Psychologinnen, Sozialarbeiterinnen usw., dann alle freiwilligen
und ehrenamtlichen Helferinnen, die von den Fachleuten unterstützt oder
ausgebildet werden, und Selbsthilfegruppen, mit oder ohne fachlichen Bei-
stand (vgl. Voss-Eiser, 2005, S. 177f)

3.5.1 Trauerbegleitung als Aufgabe von Sozialarbeiterinnen

»Die Kenntnis dieser Aufgaben zur Bewältigung eines Verlustes[10] und die Bereitschaft, sich auf den Trauerprozess einzulassen, befähigen die Sozialarbeiterin nicht
nur dazu, Menschen in ihren alltäglichen Verlusterfahrungen zu begleiten, sondern
auch Sterbenden und Trauernden Hilfestellung zu geben.« (Student, 1999, S. 133).

Die erste Aufgabe von Sozialarbeiterinnen und Sozialpädagoginnen im Hin-
blick auf Eltern und Geschwister ist es, das System Familie vor einem Zu-
sammenbruch zu bewahren. Dafür ist es zunächst einmal notwendig, die tiefe
Erschütterung der Familienangehörigen aufzunehmen und sich mit ihren
Ängsten, der Hoffnungslosigkeit und dem Bewusstsein, nichts mehr tun zu
können, auseinanderzusetzen. Es ist Aufgabe der Sozialpädagogik und der
Sozialen Arbeit, eine Grundlage für die unterschiedlichen Positionen und
Lebenswirklichkeiten des sterbendes Kindes, der Eltern und Geschwister und

---

[10] Hierbei sind die Traueraufgaben nach Worden, wie in Punkt 3.2.2 angeführt, gemeint.

des Personals, welche von der Akzeptanz des nahenden Todes bis hin zur Verdrängung reichen, zu schaffen und so Beziehung und Begegnung zu ermöglichen (vgl. Penn, 2005, S. 231). Eltern brauchen Unterstützung, um beispielsweise mit der Wut und Aggression ihrer sterbenden Kinder umgehen zu lernen. Viele Eltern können die Aggressionen der Kinder angesichts des Einsatzes, den sie leisten, kaum verkraften. Hierbei ist es Aufgabe der Begleiterinnen, die Eltern im Gespräch zu stützen, zu beraten, sie aber auch dazu zu ermutigen, den Kindern Grenzen zu zeigen. Eltern empfinden es zumeist als äußerst entlastend und hilfreich zu erfahren, dass Aggressionen bei sterbenden Kindern häufig vorkommen und nichts mit der Qualität der Beziehung zwischen Eltern und Kind oder dem Versagen der Eltern zu tun haben (vgl. Glanzmann/Bergsträßer, 2001, S. 66). Während das Kind noch lebt, ist es eine wesentliche Aufgabe der Trauerbegleiterin, den Kontakt der Eltern zum sterbenden Kind zu fördern. Nach dem Tod sollen die Eltern zum Kontakt mit dem Körper des verstorbenen Kindes befähigt werden. Der Tod muss anerkannt und akzeptiert werden, um die Voraussetzungen für den Trauerprozess zu schaffen. Die sinnliche Wahrnehmung des Todes ist also wesentliche Voraussetzung für die psychosoziale Gesundheit der Eltern. Eine weitere Aufgabe ist es, dafür zu sorgen, dass die Eltern von der zuständigen Ärztin wahr- und ernstgenommen werden (vgl. Student, 2005, S. 126f).

Eine Aufgabe unmittelbar nach dem Tod ist es, die Eltern dazu zu ermutigen, ihre Gefühle vollständig auszudrücken. Die Eltern können nach einiger Zeit zu einem Nachgespräch eingeladen werden, bei welchem sie noch einmal ihre Fragen aufwerfen können und alle rationalen und irrationalen Schuldgefühle zum Ausdruck bringen können (vgl. Student, 2005, S. 128ff). Diese angeführte Darstellung bezieht sich auf Akutsituationen, in welchen beispielsweise Sozialarbeiterinnen im Zuge ihrer Tätigkeit in einem Krankenhaus mit dem Fall eines sterbenden Kindes konfrontiert werden, und nicht auf eine langfristige Trauerbegleitung, wie sie im Folgenden überblicksmäßig skizziert wird.

Im Hinblick auf die Trauer der Eltern und Geschwister kann die Sozialarbeiterin im Normalfall davon ausgehen, dass der trauernde Mensch selbst genau weiß, was er benötigt, und sie ihre Unterstützung darauf konzentrieren kann, den Betroffenen dabei zu helfen, den eigenen Impulsen nachzugehen und Ausdrucksformen zu finden (vgl. Hinderer/Kroth, 2005, S. 28).

»Es bedarf nur eines einzigen Menschen, der sich eines Anderen annimmt!« (Kübler-Ross, 2003, S. 37)

Trauernde brauchen einen geeigneten Raum und Rahmen, die innere und äußere Erlaubnis und eine solidarisierende und verstehende Unterstützung, um ihre Trauer auszudrücken (vgl. Canacakis, 2005, S. 201f). Trauerbegleitung definiert sich laut Ritter dadurch, dass sie der Trauer Gelegenheit zum Ausdruck und den Trauernden die Gewissheit gibt, sich ausdrücken zu dürfen. Eine Trauerbegleiterin kann einfach dadurch hilfreich sein, dass sie zu einem Gespräch in Ruhe einlädt und die Unruhe, die sich zeigt, aushält, ohne in Aktivität oder Ablenkung zu verfallen (vgl. Ritter, 2003, S. 86ff). Als Voraussetzung, um als Sozialarbeiterin eine qualitativ hochwertige Begleitung zu leisten, ist zunächst einmal die Auseinandersetzung mit den eigenen Ängsten, Gefühlen und emotionalen Qualen erforderlich (vgl. Student, 2005, S. 123 und Specht-Tomann/Tropper, 2004, S. 13). Es ist ebenso notwendig, die Erfahrungen der Eltern bezüglich früherer Verluste zu kennen und sie über das »Wesen der Trauer«, Trauerreaktionen und Verläufe aufzuklären. Hierbei sollte jedoch immer die Individualität des Trauerprozesses betont werden (vgl. Lothrop, 2005, S. 260). Das Ziel einer Kommunikation in der Trauer ist einerseits, zwar die Tiefe eines Verlustes zuzulassen und als solches zu ertragen, aber schließlich auch zu einer neuen Lebenswahrnehmung und einem neuen Lebensgenuss zu kommen (vgl. Horlemann, 2005, S. 26). Es ist auch der besten Trauerbegleitung nicht möglich, die harte Wirklichkeit, den Tod des Kindes, aus der Welt zu schaffen. Diese Wirklichkeit muss sowohl auf Seiten der Begleitung als auch auf Seiten der Betroffenen klar und deutlich bewusst gemacht werden (vgl. Kübler-Ross, 2003, S. 41).

»Trauerbegleitung bedeutet eine ganzheitliche Form der Solidarität, die über die konkrete Sterbesituation weit hinausweist.« (Horlemann, 2005, S. 26)

Als Formen der Trauerbegleitung zählen Einzel- und Gruppenbegleitung, begleitete und nicht begleitete Selbsthilfegruppen, ehrenamtliche und geschulte Begleitung durch Hospizhelferinnen, Supervision, Begleitung durch spezifisch ausgebildete Trauerbegleiterinnen, Psychotherapie und Informationsgespräche im Team (vgl. Horlemann, 2005, S. 27). Trauernde Eltern und Geschwister erwarten von ihren Begleiterinnen keine Ratschläge oder vorschnellen Tröstungen und letztlich auch keine Antworten auf ihre Fragen. Sie wollen, dass ihre Untröstlichkeit und ihre Fragen ganz einfach ausgehalten werden. Sie benötigen einen Raum, der ihnen die Möglichkeit zum Ausdruck und Ausleben ihrer Trauer bietet (vgl. Wiese, 2009, S. 14). Nach Worden sollte sich die Hinterbliebenenberatung an einigen Grundsätzen orientieren. Zunächst ist es ein Grundsatz, den Hinterbliebenen dabei zu helfen, den Verlust zu akzeptieren, also als Wirklichkeit zu begreifen. Dies erreicht man dadurch, dass man ein geduldiger Zuhörer ist und den Betroffenen dazu ermuntert, immer wieder über den Verlust und die damit einhergehenden Gefühle zu sprechen. Den zweiten Grundsatz benennt Worden mit den Hinterbliebenen dabei zu helfen, Gefühle zu identifizieren und auszudrücken. Die Hinterbliebenen beim Weiterleben ohne die Verstorbene zu unterstützen, definiert den dritten Grundsatz. Danach sollte die Begleiterin die emotionale Ablösung von der Verstorbenen anbahnen. Als wichtigen fünften Grundsatz nennt Worden sowohl sich selbst als auch der betroffenen Familie zu vergegenwärtigen, dass Trauer Zeit benötigt und diese Zeit auch einzuräumen. Als sechsten Grundsatz in der Beratung gilt es, den Trauernden dahingehend aufzuklären, dass seine Empfindungen und Verhaltensweisen normal, der Situation angepasst und kein Zeichen eines Wahns sind. Weitere Grundsätze in der Beratung sind, die individuellen Unterschiede der Trauernden einzukalkulieren (7), kontinuierlich beizustehen (8), Abwehrverfahren und Bewältigungsstile zu untersuchen[11] (9). Eine überaus wichtige Aufgabe für die Begleiterin ist es darüber hinaus, als zehnten Grundsatz, Krankhaftes zu identifizieren und für entsprechende Überweisung an ein Fachpersonal zu sorgen (vgl. Worden, 2007, S. 51-64).

3.5.2 Selbsthilfegruppen

»Wir können die Sonne nicht für dich scheinen lassen - aber wir können den Regenschirm halten.«[12] (Student, 2005, S. 22)

Selbsthilfegruppen sind gut dafür geeignet, den Trauerprozess positiv in Gang zu halten. Menschen mit ähnlichen Erfahrungen können sich gegenseitig gut

---

[11] Hierbei ist das gemeinsame Betrachten der Begleiterin und der Betroffenen von Bewältigungsstilen hinsichtlich der Effektivität und eventuelle Suche nach effektiveren Bewältigungsmustern gemeint.

[12] Aussage über die Begleitungsmöglichkeiten einer Selbsthilfegruppe von der Nordamerikanerin Ann Swann, selbst betroffene Mutter.

helfen und in jedem Fall zumindest anregen, dass die Emotionen ausgedrückt werden dürfen. Hierbei muss jedoch bedacht werden, dass die Wandlung von den Betroffenen selbst getragen werden muss und jedes Mittragen seine Grenzen hat (vgl. Kast, 1999, S. 90). Selbsthilfegruppen bilden auch für das Immer-wieder-Erzählen der Geschichte ein gutes Forum. Das Erzählen eröffnet die Möglichkeit, die Verwirrung offen darzulegen, und hilft bei der Neugestaltung und dem Wiederaufbau einer Struktur (vgl. Kübler-Ross/Kessler, 2006, S. 85). Viele Betroffene fühlen sich in Selbsthilfegruppen das erste Mal richtig verstanden, und viele Trauergefühle, die zunächst als krankhaft erlebt wurden, werden in diesem Rahmen relativiert und somit entpathologisiert. Die Betroffenen profitieren von dem Wissen und den Bewältigungsstrategien anderer Gruppenmitglieder (vgl. Salzmann, 2009, S. 216). Der Austausch gemeinsamer Erfahrungen und dem ähnlichen oder auch verschiedenen Erleben dient der Orientierung auf dem Weg der Trauer (vgl. Ritter, 2003, S. 61). Trauergruppen mit professioneller Leitung eignen sich ebenfalls besonders für Betroffene dieser Thematik, da sie eine unterstützende Strukturierung und Moderation anbieten (vgl. Ritter, 2003, S. 62). Der Boom der Selbsthilfegruppen kann laut Voss-Eiser als eine Suche der Gesellschaft nach einer sozialen Lösung gesehen werden. Auch eine Art modernes Ritual ist darin erkennbar. Eine Selbsthilfegruppe funktioniert hierbei als Ersatz für althergebrachte verlorengegangene Rituale und übernimmt religiöse, soziale und therapeutische Aufgaben (vgl. Voss-Eiser, 2005, S. 181).

3.6 Trauer- und Bestattungsrituale

Trauer- und Bestattungsrituale sollen dabei helfen, die Grenzsituation nach dem Eintritt des Todes zu überwinden (vgl. Schäfer, 2001, S. 84). Der Abschied von einem geliebten Menschen braucht einen konkreten Ausdruck und dementsprechende Rituale. In den verschiedenen ritualisierten Handlungen, wie Totenwache, Leichenschmaus, Gottesdienst, Gebet, Meditation, Beerdigung und Grabgestaltung, können die Verbindung mit dem Verstorbenen, aber auch Trauer und Abschied erlebt werden und Ausdruck finden (vgl. Holzbeck, 2005, S. 265).

3.6.1 Abschied vom toten Kind

»›Haben Sie keine Angst davor, sie gehen zu lassen‹«[13] (Pearse Elliot, 2000, S. 95)

Es ist wichtig sicherzustellen, dass die betroffene Familie die letzten Stunden und Augenblicke allein und unter sich mit dem Kind verbringen darf (vgl. Kübler-Ross, 2003, S. 134).

>Viele Familien haben diese Zeit so verbracht, dass sie das Lieblingslied des Kindes sangen, dass sie miteinander beteten oder sich einfach umschlungen hielten und zusammen waren, bevor Außenstehende hereinkommen durften.« (Kübler-Ross, 2003, S. 20)

Ist die Unsicherheit des letzten Atemzuges zu einer Gewissheit geworden und der Tod zum Faktum, braucht dieses große Ereignis erst einmal Raum und Zeit für die Stille des Todes und für die mit dem Ereignis einhergehenden Emotionen und Tränen (vgl. Stähli, 2004, S. 142). Kübler-Ross rät Betroffenen dazu, sich Zeit zu nehmen, das Kind noch einmal in die Arme zu schließen, es selbst zu waschen, anzukleiden und den Leichnam in die Totenhalle zu bringen (vgl. Kübler-Ross, 2003, S. 134). Das Ziel der jeweiligen Begleiterin sollte es immer sein, dieses friedliche Abschiednehmen zu ermöglichen und eine Umgebung zu schaffen, in welcher die Bedürfnisse Aller wahrgenommen werden. Glanzmann und Bergsträßer führen an, dass es in ihrer Arbeit deutlich wurde, dass Eltern, welche sich verabschieden konnten, im Nachhinein wesentlich versöhnter sind, als diejenigen, denen dieses Geschenk nicht zuteilwurde (vgl. Glanzmann/Bergsträßer, 2001, S. 105).

»Wenn nicht Abschied genommen werden kann, wenn das tote Kind nicht erlebt werden kann als totes Kind, dann bekommt es keine Realität.« (Kast, 2005, S. 168)

Der Anblick des toten Kindes ist natürlich schmerzhaft, aber diese Auseinandersetzung hilft den Eltern, den Verlust zu verarbeiten. Die Haltung, Eltern schonen zu wollen und sie nicht mit dem Anblick des Kindes zu konfrontieren, schafft viele Probleme für die nachfolgende Trauerarbeit (vgl. Kast, 2005, S. 168f)

---

[13] Ratschlag einer Mutter eines gerade verstorbenen Kindes beim Verlassen der Krebsstation an die Eltern der Zimmerkollegin ihres Kindes.

»In dem Augenblick, da wir den leblosen Körper vor uns sehen, erkennen wir den Tod des Kindes an.« (Hohn, 2008, S. 38)

Wenn es Eltern verwehrt bleibt, ihre Kinder nach einem Unfall oder Gewaltverbrechen anzusehen, entwickeln sich häufig sehr schlimme Phantasien über den Zustand des toten Körpers und darüber, dass das Kind nicht tot, sondern lediglich verwechselt wurde (vgl. Hohn, 2008, S. 37f). Fast immer gibt es eine Möglichkeit, den Eltern diesen Abschied zu ermöglichen. Wenn der Körper beispielsweise sehr entstellt ist, kann die Pathologin oder die diensthabende Krankenschwester den gesamten Körper verdecken und nur die unversehrte Hand über dem Tuch liegen lassen. Die Eltern können dann diese berühren (vgl. Hohn, 2008, S. 40). Eltern, die sich aus irgendeinem Grunde nicht von ihrem Kind verabschieden konnten, brauchen eventuell im Nachhinein Unterstützung und Hilfe, um dies so zu akzeptieren und eine Form des Loslassens und Abschiednehmens zu finden (vgl. Glanzmann/Bergsträßer, 2001, S. 105).

Als erstes tatsächliches Abschiedsritual wird oft die Feier der Krankensalbung oder »letzte Ölung« begriffen. Diese Feier, wenn sie nicht als letzter Schritt zum Tod, sondern als Lebensstärkung gesehen wird, kann eine intensiv erlebte Gemeinschaftserfahrung darstellen, welche tröstet und verbindet (vgl. Holzbeck, 2005, S. 265). Auch das Herrichten des Kindes nach dem Tod ist bereits ein wichtiger Teil des Abschiedsrituals. Falls die Eltern dies wünschen, können jetzt auch noch Erinnerungsstücke wie Fußabdrücke oder Fotografien geschaffen werden (vgl. Glanzmann/Bergsträßer, 2001, S. 120f). Es ist für die Eltern prinzipiell auch möglich, ein verstorbenes Kind aus dem Krankenhaus wieder mit nach Hause zu nehmen (vgl. Glanzmann/Bergsträßer, 2001, S. 120). Dieses Aufbahren zu Hause wird von Eltern meist als sehr hilfreich und auch tröstend empfunden. Durch Besuche von Nachbarn und Verwandten findet ein mehrmaliges Abschiednehmen und eine intensive Auseinandersetzung mit dem Tod statt (vgl. Ehrensperger/Fässler-Weibel, 1996, S. 32). Die letzte Zeit mit dem toten Kind wird von den Eltern sehr unterschiedlich erlebt. Manche haben das Gefühl, sich beeilen zu müssen, andere verweilen Stunden, ohne es merken. Das Kind erscheint den Eltern hier noch sehr viel vertrauter als später im Sarg oder Leichenhaus. Die wiederholte Konfrontation mit dem toten Kind kann die Eltern und Geschwister wirksam beim Abschiednehmen und Erkennen der Vergänglichkeit unterstützen (vgl. Ritter, 2003, S. 36f)

3.6.2 Totenwache und Leichenschmaus

Der Leichenschmaus wird in der heutigen Zeit oft als veraltete Tradition gesehen und ist durch die teilweise fröhliche Stimmung auf diesen Zusammenkünften auch verpönt. Näher betrachtet hat der Leichenschmaus an sich sehr gute Eigenschaften. So sind die Eltern nach der Beerdigung beispielsweise nicht alleine. Es entstehen Gespräche und Begegnungen, und es können Verbundenheit und starke Gefühle zum Ausdruck kommen. Die Eltern empfinden es oft als tröstend, wenn andere von Begegnungen mit ihrem Kind berichten und deutlich wird, dass das Kind gekannt, geschätzt und geliebt wurde (vgl. Ritter, 2003, S. 46f). Der Rückgang dieses Brauches wird von den Individuen unterschiedlich bewertet, die einen begrüßen es, da sie ihre Trauer lieber alleine ausleben möchten oder die Bewirtung eine große finanzielle Belastung ist, andere bewerten es als negativ, da sie es als Anlass zur Zusammenkunft und zur Zelebration der Trennung sehen (vgl. Rohlshoven, 1998, S. 224).

3.6.3 Trauerfeier, Begräbnis und Grabgestaltung

>»Das Begräbnis ist die öffentliche Anerkennung, dass ein Mensch, der in unserem
>Leben von Bedeutung war, gestorben ist.« (Kübler-Ross, 2003, S. 135)

Trauerfeier und Beerdigung können als Schlüsselrituale im Trauerprozess angesehen werden (vgl. Haagen/Romer, 2007, S. 209), wobei sich die einzelnen Beerdigungsrituale natürlich je nach kulturell-nationaler Eigenart, Religionszugehörigkeit und Weltanschauung unterscheiden (vgl. Harriet, 1986, S. 22). Die Beerdigung ist ein Abschiedsritual, welches das Annehmen der Realität signalisiert und dem Körper des Kindes eine Ruhestätte zuweist, welche Eltern oder Geschwister immer wieder aufsuchen können, um die Trauer auszuleben (vgl. Kübler-Ross, 2003, S. 135). Darüber hinaus gibt eine Trauerfeier den Eltern die Gewissheit, mit dem Verlust nicht alleine zu sein (vgl. Holzbeck, 2005, S. 265), und bietet ihnen einen öffentlich anerkannten Raum, um ihre Trauer kundzutun und Trost zu erhalten (vgl. Glanzmann/Bergsträßer, 2001, S. 125). Die Beerdigung sollte immer individuell und nach den Wünschen des jeweiligen Kindes und der Familie gestaltet werden (vgl. Ritter, 2003, S. 35ff).

»Wenn ich einmal sterbe, dann wünsche ich mir eine bunte Beerdigung, so bunt, wie mein Leben sein soll!«[14] (Ennulat, 2003, S. 157)

Dieser Ausdruck der individuellen Persönlichkeit beginnt bei der Gestaltung der Todesanzeige und setzt sich bis zur Wahl des Grabsteines fort. Es darf und sollte auch spürbar sein, dass hier ein Kind beerdigt wird (vgl. Ritter, 2003, S. 35ff).

»Die Eltern von Isabel (6) hatten eine CD mit ihren Lieblingsliedern vorbereitet. Schon als sich die Trauergemeinde am Friedhof sammelte, ertönten ungewöhnlich fröhliche und rhythmische Popsongs. Der Weg zum Grab war – bei Sonnenschein – von dem Lied ›I was born to make you happy‹ von Britney Spears begleitet.« (Ritter, 2003, S. 38)

Es kann für die Eltern sehr tröstlich sein, wenn sie wissen, dass das Kind auf seinem eigenen Kopfkissen ruht oder von seiner Lieblingsdecke wärmend umschlossen wird. Es kann auch helfen, eine persönliche Verbindung zum Tod des Kindes herzustellen, indem Eltern und/oder Geschwisterkinder den Sarg individuell gestalten, ihn also bemalen, bekleben, besprayen oder verzieren (vgl. Hohn, 2008, S. 46). Auch im Zuge der Organisation und Gestaltung der Beerdigung kann eine betreuende Sozialarbeiterin durch Abnahme verschiedenster Dinge hilfreich sein (vgl. Glanzmann/Bergsträßer, 2001, S. 125). Der Trauergottesdienst bietet Hinterbliebenen einen Rahmen in bester traditioneller Form, um Gedanken und Gefühle in Bezug auf das verstorbene Kind zum Ausdruck zu bringen (vgl. Worden, 2007, S. 67). Die Individualität des Kindes beziehungsweise der gesamten Familie sollte auch bei der Grabgestaltung Berücksichtigung finden (vgl. Ritter, 2003, S. 45).

»Jochens Grab ist mit einer Eisenbahn geschmückt, er war ein Fan von Eisenbahnen.« (Ritter, 2003, S. 45)

Es darf hier nicht unerwähnt bleiben, dass viele Menschen ihre eigenen ganz persönlichen Rituale und Bräuche haben, um den Tod eines Kindes zu realisieren und zu verarbeiten.

---

[14] Aussage eines zehnjährigen Jungen aus Kasachstan.

»›Es ist lange her, seit ich Schreinerarbeiten gemacht habe, und meine Hände sind ganz steif geworden. Aber als mein Enkel in so unerwarteter, grausamer Weise von uns genommen wurde, da konnte ich nichts anderes für ihn und auch für mich selbst tun, als seinen kleinen Sarg zu zimmern. Das Zurechtschneiden der Bretter half mir, meinen Zorn auszudrücken; und als ich dann diesen kleinen Sarg fertig-machte, da war ich voll Liebe für ihn und die Welt. Ich habe wenigstens zehn Jahre lang einen Enkel gehabt. Andere haben nicht einmal das.‹« (Kübler-Ross, 2003, S. 255)

3.6.4 Gedenktage, Feiertage und Erinnerungen

Nach einem Verlust bekommen alle Gedenktage eine gesteigerte Bedeutung. Besonders der erste Jahrestag wird oft feierlich bedacht. Es ist wichtig, eine eigene Weise zu finden, um das Andenken an das verstorbene Kind zu zelebrieren. Jahrestage sind zwar immer ein Anlass zur Trauer, können aber auch die schönsten Erinnerungen wecken. Jahrestage können und sollen in einer Art und Weise verbracht und gefeiert werden, die den Hinterbliebenen entsprechen. Dies kann bedeuten, das Grab der Verstorbenen zu besuchen, sich mit Verwandten oder Freunden zu treffen oder in einen Gottesdienst zu gehen (vgl. Kübler-Ross/Kessler, 2006, S. 146ff).

»Außer den Feiertagen im Jahreskreis und den Familienfesten sind der Geburtstag und der Sterbetag besondere Herausforderungen für die Eltern. Im Vorfeld dieser Gedenktage tauchen häufig starke Gefühle auf.« (Ritter, 2003, S. 65)

Für viele Hinterbliebene sind die ersten Feiertage ohne ihre Verstorbenen sehr schwer zu ertragen, da sie den Verlust hier besonders spüren. Manchmal ist es für Hinterbliebene das Vernünftigste, diese Feiertage einfach zu ignorieren. Für andere wiederum sind genau diese Feiertage ein Zeichen dafür, dass das Leben weitergeht. Es gibt ihnen die Möglichkeit, mit Angehörigen zusammen zu sein und die Einsamkeit weniger zu spüren. Feiertage können aber auch als Anlass zur Besinnung auf all das Verlorene gesehen werden. Manche Hinterbliebene führen vorübergehende oder auch dauerhafte Änderungen im Ablauf dieser Festtage ein (vgl. Kübler-Ross/Kessler, S. 171ff).

»Die Formen des Gedenkens verändern sich mit der Zeit.« (Ritter, 2003, S. 74)

Eltern haben oft Angst, das Kind und seine Eigenarten, wie die Stimme, und verschiedene Erlebnisse mit dem Kind zu vergessen. Es gibt viele Wege, Erinnerungen an das Kind wach zu halten, beispielsweise kann das Führen eines

Erinnerungsbuches ebenso ein sehr guter Weg sein wie das Schreiben von Gedichten, das Gestalten von Fotoalben oder das Aufbewahren der Kondolenzpost. Hilfreich ist es für die Eltern, wenn Menschen in ihrer Umgebung das Kind nicht totschweigen und sich nicht scheuen, den Namen des Kindes auszusprechen (vgl. Ritter, 2003, S. 70, 74)

Zusammenfassend kann festgestellt werden, dass der Tod eines Kindes eine manifeste Krise für die Familie als Gesamtsystem bedeutet. Eine Ausdrucksform für die Trauer zu finden, ist eine wesentliche Aufgabe für das Durchschreiten des Trauerprozesses und für die Bewältigung des Verlustes. Trauer kann schon während der Pflegephase oder mit der Diagnose der Erkrankung beginnen, umfasst ein breites Spektrum unterschiedlichster Emotionen und bringt auch spezifische Herausforderungen für eine Paarbeziehung im Besonderen und allen Beziehungen im Allgemeinen mit sich. Die jeweilige Todesart des Kindes bringt Besonderheiten für den Trauerprozess mit sich. Eine wesentliche Aufgabe von Sozialarbeiterinnen als Trauerbegleiterinnen besteht darin, dass das familiäre System vor dem Zusammenbruch bewahrt wird.

Geschwisterkinder sind von dem Tod eines Bruders/einer Schwester in besonderer Art und Weise betroffen. Deshalb widmet sich das folgende Kapitel ihnen und ihrem Weg durch den Trauerprozess.

4 Trauernde Geschwister

Schwerpunkt dieses Kapitels ist die Darstellung des kindlichen Trauerprozesses und die Erörterung verschiedenster Fragestellungen hinsichtlich der Teilnahme an Ritualen oder der Beteiligung der Geschwister an der Pflege des schwerstkranken Kindes.

4.1 Situationsdarstellung

»Eltern und Kinder können durch dieses Geschehen zu Fremden werden, denn ihre Trauerbedürfnisse sind sehr unterschiedlich.« (Ennulat, 2003, S. 93)

Geschwister verlieren zusätzlich zu ihrem Bruder oder ihrer Schwester auch die Eltern, die ihnen in Wesen und Verhalten bekannt und vertraut waren. Sie müssen sich zusätzlich zu ihrer Trauer mit total veränderten Eltern auseinandersetzen (vgl. Wiese, 2009, S. 56ff und Glanzmann/Bergsträßer, 2001, S. 129). Diese Eltern sind aufgrund ihres eigenen Schmerzes häufig nicht in der Lage dazu, eine angemessene Stütze für Geschwisterkinder zu sein. So müssen Geschwisterkinder häufig mit ihren Gefühlen selbst umgehen (vgl. Fleck-Bohaumilitzky/Fleck, 2008, S. 61) und werden oft auch von der Umwelt gar nicht oder nur eingeschränkt in ihrer Trauer wahrgenommen (vgl. Wiese, 2009, S. 56ff und Glanzmann/Bergsträßer, 2001, S. 42). Hinsichtlich hinterbliebener Geschwisterkinder muss immer bedacht werden, welche Relevanz Geschwisterbeziehungen im Leben eines Individuums haben. Innerhalb dieser Beziehungen haben Rivalitäten, Komplizenschaft und Feindseligkeit ebenso einen Platz wie Liebe und Zuneigung (vgl. Ennulat, 2003, S. 102f). Die Gefühlswelt von Kindern zeichnet sich nach dem Verlust eines Bruders oder einer Schwester durch Empfindungen wie Einsamkeit, das Gefühl lästig, überflüssig und unbedeutend zu sein, aus. Des Weiteren haben Kinder oft die Empfindung, von den Gefühlen der Eltern abgeschnitten zu sein (vgl. Specht-Tomann/Tropper, 2004, S. 120).

4.2 Reaktionen nach Alter

Entsprechend des kindlichen Todeskonzeptes, welches bereits in Punkt 2.1 detailliert dargestellt wurde, unterscheiden sich auch die Reaktionsweisen der Kinder auf den Tod ihrer Geschwister und die Anforderungen an deren Begleitung.

4.2.1 Säuglinge und Kleinkinder

Die Frage, ob bereits Kinder unter drei Jahren zu einem Trauerempfinden in der Lage sind, wird kontrovers diskutiert. Furman und Kliman sprechen diesen Kindern klar die Fähigkeit zur Trauer zu und gehen davon aus, dass ihnen diese aufgrund der mangelnden Kommunikationsfähigkeit oft einfach nicht zuerkannt wird. Nach Furman ist ein Kind ab der Stufe der Objektdominanz (ab dem sechsten Lebensmonat) zur Trauer fähig (vgl. Holzbeck, 2005, S. 255). Bei Säuglingen kann es bei dem Tod eines Geschwisterkindes zu Änderungen der Ess- und Schlafgewohnheiten, zu vermehrtem oder scheinbar grundlosen Weinen und zu Reizbarkeit kommen. Kinder ab dem ersten Lebensjahr können mit heftigen Wutanfällen und Desinteresse am Spielen, aber auch regressivem Verhalten reagieren. Es ist hilfreich, die Pflegeabläufe für den Säugling möglichst nicht zu verändern und ungewohnte Geräusche und Ereignisse sowie heftige Trauerausbrüche der Eltern in der Nähe des Säuglings zu vermeiden. Den Kindern sollte möglichst viel Zuwendung und Aufmerksamkeit geschenkt werden (vgl. Glanzmann/Bergsträßer, 2001, S. 69ff). Trauer zeigt sich bei unter sechsjährigen Kindern durch Verwirrung, Regression, Ambivalenz, Trennungsängste, aber auch anhand starker Schuldgefühle. Diese Emotionen der Trauer finden im Spiel und Zeichnungen Ausdruck. Es ist für Kinder dieses Alters hilfreich, ihnen immer wieder in klaren Worten zu erklären, was geschehen ist (vgl. Glanzmann/Bergsträßer, 2001, S. 69ff).

4.2.2 Grundschulalter

Auch Kinder dieses Alters geben sich oft eine Mitschuld am Tod des Geschwisterkindes. Angst, Verletzbarkeit und Idealisierung des verstorbenen Kindes herrschen vor. Die Kinder versuchen oft, die Rolle des Verstorbenen zu übernehmen. Dies kann zur Überforderung und zu psychischen Störungen führen und muss besonders beachtet werden. In diesem Alter zeigen Kinder eher keine kontinuierliche Trauer, sondern eine, die zu besonderen Tagen oder Momenten immer wieder aufbricht (vgl. Glanzmann/Bergsträßer, 2001, S. 77ff). Es ist von besonderer Bedeutung, offen und ehrlich über den Tod und die aufkommenden Gefühle zu sprechen und hierbei sehr realistisch zu bleiben. Betroffene Geschwister benötigen das Gefühl dauerhafter und verlässlicher Sicherheit. In dieser Altersstufe kann es auch sein, dass Kinder einer Erlaubnis zu trauern bedürfen, da sie Angst haben, durch ihre Trauer die Eltern zusätzlich zu belasten (vgl. Glanzmann/Bergsträßer, 2001, S. 77ff).

4.2.3 Jugendalter

Vorpubertäre Kinder (etwa 9-11 Jahre) zeigen ihre Gefühle direkt durch beispielsweise stures, streitsüchtiges Verhalten und versuchen sich durch Hobbys vom Verlust abzulenken (vgl. Haagen/Romer, 2007, S. 205). Jugendliche imitieren häufig Verhaltensweisen oder übernehmen den Kleidungsstil, um so eine Verbindung zum verstorbenen Geschwisterteil herzustellen. In diesem Alter kann es auch zu unangemessen erscheinenden Ausbrüchen von Ärger und Gewalt kommen, welche weder ignoriert noch toleriert werden sollten. Der Verlust kann zu massiven Zukunftsängsten, Ärger, Schock, Schuldgefühlen oder Rückfall in kindliche Denkmuster führen. Jugendliche haben das Bedürfnis, in ihrer Clique nicht durch ihre Andersartigkeit aufzufallen. In der Begleitung von Jugendlichen ist es wichtig, einerseits zwar die Möglichkeit zu Gesprächen anzubieten, anderseits aber auch Gelegenheit zum Rückzug zu bieten. Ein Hilfsmittel zur Verarbeitung und zur Ordnung von Gedanken und Gefühlen kann für junge Menschen das Schreiben von Tagebüchern oder Briefen sein. Eine Begleiterin sollte in diesem Alter auch besonders auf die Anzeichen beginnender Depressionen achten (vgl. Glanzmann/Bergsträßer, 2001, S. 79ff). Die Teilnahme an allen Ritualen und der Einbezug in wichtige Informationen und Auswirkungen des Todes sollten sichergestellt werden (vgl. Specht-Tomann/Tropper, 2004, S. 147). Nach Specht-Tomann und Tropper kommt es bei Jugendlichen zwischen 10 und 14 Jahren bereits zum Durchleben der Trauerphasen und zum Auftauchen der Sinnfrage für das eigene Leben. Das Trauererlebnis wird durch körperliche Symptome begleitet, und es kommt zur individuellen Gestaltung der Trauer (vgl. Specht-Tomann/Tropper, 2004, S. 79)

4.3 Mithilfe bei der Pflege

Elisabeth Kübler-Ross rät dazu, Geschwister nicht von den schmerzlichen Erfahrungen abzuschirmen, sondern sie an der Pflege teilnehmen zu lassen. Kinder jedes Alters können kleine Aufgaben, wie beispielsweise das Servieren von Mahlzeiten oder das Abspielen der Lieblingsmusik des Kindes, in der Betreuung des kranken Kindes übernehmen. Diese Möglichkeit, etwas für den Bruder/die Schwester tun zu können, schenkt dem Geschwisterkind Selbstwertgefühl und wirkt sich positiv auf die Geschwisterbeziehung aus (vgl. Kübler-Ross, 2003, S. 129ff). Kinder erleiden in aller Regel auch keinen Schock oder ein Trauma, wenn sie in der letzten Phase der Erkrankung die Veränderungen am Körper der Geschwister, wie beispielsweise einen aufgeblähten Bauch, mitbekommen. Sie nehmen das Kind mit anderen Augen als Außenstehende wahr und kommunizieren auch auf einer anderen Ebene mit ihm. Es ist für betroffene Kinder auch überaus wichtig, dass sie, gleich welchen Alters, beim Sterben des Kindes anwesend sein dürfen, falls sie dies wünschen (vgl. Kübler-Ross, 2003, S. 20 und S. 134).

4.4 Teilnahme an Ritualen

Ebenso wie beim betroffenen Kind selbst stellt sich für die Eltern auch bei den Geschwistern die Frage, ob mit ihnen offen über den bevorstehenden Tod gesprochen werden sollte. Dies kann nach Glanzmann und Bergsträßer klar mit ja beantwortet werden. Geschwisterkinder sollten in alle Geschehnisse miteinbezogen und ihnen sollte die Situation offen, klar und eindeutig erklärt werden (vgl. Glanzmann/Bergsträßer, 2001, S. 114f). Geschwistern sollte erlaubt werden, das tote Kind zu berühren oder einen Brief oder besonderes Spielzeug in den Sarg zu legen (vgl. Kübler-Ross, 2003, S. 135). Geschwisterkinder brauchen diese Möglichkeit, um die Tatsache des Todes zu begreifen (vgl. Glanzmann/Bergsträßer, 2001, S. 121), denn vielfach ist die Phantasie der Kinder, wie ein Toter aussieht, viel schlimmer als die Konfrontation mit der Realität (vgl. Ritter, 2003, S. 33).

»Marco, zehn Jahre alt, saß lange Zeit neben dem Krankenbett, in dem seine Schwester vor wenigen Minuten gestorben war. Immer wieder meinte er, sie noch atmen zu hören. Er überprüfte das, indem er sein Ohr an ihr Gesicht hielt und versuchte, Herz und Puls zu tasten, um dann selber festzustellen: ›Nein, sie atmet doch nicht mehr. Sie ist wirklich tot.‹« (Ritter, 2003, S. 33)

Hinsichtlich der Teilnahme von betroffenen Geschwisterkindern an Ritualen ist es wichtig und notwendig, ihnen ausführlich das Erscheinungsbild und den Ablauf der Rituale zu erklären und sicherzustellen, dass sie eine Bezugsperson begleitet (vgl. Haagen/Romer, 2007, S. 209). Alle Rituale rund um den Tod des Kindes sind wichtig, und Personen, die von diesen ausgeschlossen werden, begreifen sich selbst nicht als wichtigen Teil der Familie. Deshalb ist es äußerst ratsam, den Geschwistern zu ermöglichen, am Begräbnis teilzunehmen und dieses auch mitzugestalten. Hierfür spricht sich neben Elisabeth Kübler-Ross (vgl. Kübler-Ross, 2003, S. 135), Finger (vgl. Hohbeck, 2005, S. 298), Glanzmann (vgl. Glanzmann/Bergsträßer, 2001, S. 75, S. 81) auch die Seelsorgerin Ritter (Ritter, 2003, S. 35) aus. Natürlich sind jedoch einige Bedingungen zwingend erforderlich, um dem Kind die Teilnahme zu ermöglichen. Eine Bezugsperson sollte für das Kind zuständig sein und ihm körperliche Nähe versichern. Zudem sollte im Vorfeld eine gute Information über den Ablauf (schwarz gekleidete Menschen, viele Menschen, die weinen müssen etc.) eines Begräbnisses gegeben werden (vgl. Hohbeck, 2005, S. 299 und Fleck-Bohaumilitzky/Fleck, 2008, S. 15). Es sollte niemals Zwang oder Druck auf die Kinder ausgeübt, sondern auch die Entscheidung, am Begräbnis oder der Totenwache nicht teilzunehmen, sollte akzeptiert werden. Diese Weigerung ist oft Ausdruck von Angst-, Schuld- und Schamgefühlen oder Unerledigtem in Bezug auf das verstorbene Kind. Jedenfalls sollte sich nach der Beerdigung jemand Zeit für das Geschwisterkind nehmen, um mit ihm über alles zu sprechen und so Präventivpsychiatrie leisten zu können (vgl. Kübler-Ross, 2003, S. 135).

4.5 Der kindliche Trauerprozess

Der kindliche Trauerprozess ähnelt natürlich sehr stark jenem von Erwachsenen, aber es gibt dennoch einige signifikante Unterschiede. Kinder weisen eine geringere Selbstständigkeit als Erwachsene auf, und im Falle des Todes von Bezugspersonen ist ein Kind stark auf Unterstützung angewiesen. Das Erleben von Kindern ist stark gegenwartsbezogen, und Kinder haben somit ein anderes Verständnis von Leben und Tod, was in der Begleitung Berücksichtigung finden muss (vgl. Holzbeck, 2006, S. 254). Kinder haben, je kleiner sie sind, umso mehr, eine erstaunliche Regenerationsfähigkeit und sind dadurch weniger gefährdet, in ihrer Trauer gefangen zu bleiben. Kindern fällt es oft leichter, eine Weile auf Distanz zu trauern. So können sie relativ ungerührt über ihr verstorbenes Geschwisterkind reden, reagieren aber auf das Schicksal der Figuren eines harmlosen Spielfilms mit heftigen Emotionen (vgl. Hinderer/Kroth, 2005, S. 32). Weiters ist bei Kindern ein schneller Wechsel des Gefühlszustandes, vergleichbar mit einem Hinein- und Hinausschlüpfen aus dem Trauerprozess, bemerkbar. Verschiedene Gefühle tauchen bei Kindern vielfach gleichzeitig auf, und nicht wie bei den Erwachsenen in einer gewissen Ordnung. Der Rhythmus der Trauer ist bei Kindern vielfach wilder, rascher und sprunghafter (vgl. Specht-Tomann/Tropper, 2004, S. 84), wobei dies als ein kindlicher Schutzmechanismus, der vor Überbeanspruchung schützt, verstanden werden kann (vgl. Ennulat, 2003, S. 59).

4.5.1 Reaktionen und Gefühle

»Die Beziehung zum toten Bruder oder zur toten Schwester kann sehr widersprüchlich sein: eine Mischung aus Vermissen und Sehnsucht, Eifersucht und Wut, aus Dankbarkeit und Entlastung.« (Ritter, 2003, S. 53)

Jedes Kind reagiert individuell und auf seine eigene Art und Weise auf den Verlust der Schwester oder des Bruders. Reagieren Kinder jedoch gar nicht, kann dies ein Zeichen dafür sein, dass die Trauer unsichtbar oder verschleppt ist (vgl. Kübler-Ross/Kessler, 2006, S. 2004f). Ganz allgemein ist es hilfreich, das Geschwisterkind genau zu beobachten und so Veränderungen wahrzunehmen (vgl. Glanzmann/Bergsträßer, 2001, S. 128). Es sollten möglichst keine Erwartungen an das Trauerverhalten der Kinder gestellt werden. So ist es ohne weiteres auch möglich, dass die Kinder zunächst einmal wieder rasch zum Alltag übergehen. Dies darf nicht als Gefühlskälte verstanden werden. Diese Kinder zeigen ihre Gefühle oft erst später, wenn es die Umwelt gar nicht mehr erwartet (vgl. Glanzmann/Bergsträßer, 2001, S. 130f).

Schuldgefühle und Einsamkeit

»›Ist Mario krank geworden, weil ich im Garten bei Oma mit ihm so oft gestritten habe? Hat er deshalb sterben müssen?‹«[15] (Specht-Tomann/Tropper, 2004, S. 121)

Bei Kindern kommt es oft zu Schuldgefühlen, weil sie vor dem Tod des Kindes Neid oder Eifersucht für dieses empfunden haben und Zusammenhänge falsch interpretieren (vgl. Glanzmann/Bergsträßer, 2001, S. 132). Kinder steigern sich oft in ein Gefühl der Verantwortung hinein und glauben, dass sie Schuld am Tod des Geschwisterkindes sind (vgl. Kübler-Ross/Kessler, 2006, S. 208). Verursachende Faktoren für Schuldgefühle sind unter anderem vor dem Tod bestehende Rivalitätsgefühle, mit dem Tod zeitlich oder örtlich zusammenfallende und als Ursache interpretierte (magische) Gedanken und Handlungen, aber auch Schuldgefühle im Sinne einer handlungsorientierten Mitverantwortlichkeit am Tod (die Unfallsituation mit herbeigeführt zu haben) (vgl. Harder, 1996, S. 224).

Überlebende Kinder brauchen auch die Gewissheit, dass Streit und Auseinandersetzungen zwischen Geschwistern normal und in keinem Fall Ursache des Todes sind (vgl. Hinderer/Kroth, 2005, S. 37). Einsamkeit ist ein wesentliches und signifikantes Gefühl von Geschwistern schwerstkranker, sterbender oder verstorbener Kinder. Den Kindern wird nur selten die gesamte Wahrheit über den Zustand des Geschwisterkindes zugetraut, und so werden diese vom Kreis der Wissenden ausgestoßen. Oft werden sie von Ritualen, wie beispielsweise dem Begräbnis, ausgeschlossen, fälschlicherweise in der Annahme, sie dadurch zu schonen. All dies macht Geschwister unglaublich einsam. Zudem können auch Aussagen und Gesten des Umfeldes, wie »die Kinder müssten nun stark sein für die Eltern«, dazu beitragen, dass diese sich einsam, isoliert und unverstanden fühlen (vgl. Harder, 1996, S. 221ff).

Zorn, Wut und Aggression

Betroffene Geschwisterkinder äußern im Zorn oft, dass sie sich wünschen, dass das Geschwisterkind versterben möge. Diese Äußerungen müssen von Erwachsenen wahrgenommen, als Hilferuf verstanden und nicht bestraft

---

15 Aussage von Martina, 5 Jahre, nach dem Tod ihres Bruders.

werden (vgl. Kübler-Ross, 2003, S. 133). Aggressive Gefühle können sich entwickeln, wenn sich das Geschwisterkind in seiner Trauer im Stich gelassen und alleine fühlt oder das Gefühl hat, dass Ärztinnen, Schwestern oder Eltern nicht genug für die Rettung des Geschwisterkindes getan hätten. Das Kind sollte dazu ermutigt werden, auch diese Gefühle als normal anzusehen und sie auch auszudrücken. Aggressives Verhalten von Geschwisterkindern kann sich nach dem Tod der Schwester oder des Bruders auf Gegenstände, Tiere, Pflanzen, Menschen oder sich selbst richten (vgl. Specht-Tomann/Tropper, 2004, S. 90ff).

4.5.2 Hinweise auf pathologische oder abweichende Trauerreaktionen

Es gibt einige Warnzeichen, die auf eine abnorme Reaktion im Trauerverlauf hinweisen und unbedingt ernst genommen werden müssen. Vorsicht ist geboten, wenn beispielsweise ein Kind nach dem Todesfall durchgehend auffallend gute Laune hat, ein über vierjähriges Kind kein Wort über den Verlust des Geschwisterteiles spricht, ein über fünfjähriges Kind in den ersten Monaten keine Träne vergisst, sich vollständig von Freunden und Betreuern zurückzieht, durch ständig aggressives Verhalten und permanente Angst auffällt oder insgesamt einen wirklich depressiven Eindruck macht. Therapeutische Hilfe ist auch dringend anzuraten, wenn das Kind Augenzeuge eines gewaltsamen Todes wurde oder sich schwere Schuldgefühle hinsichtlich des Todes entwickeln (vgl. Hinderer/Kroth, 2005, S. 35). Affektive, kognitive und psychosomatische Störungen können eine Folge des Todes von Geschwistern sein (vgl. Harder, 1997, S. 228).

4.6 Hilfe für Geschwisterkinder

Hilfe für Geschwisterkinder kann nur erfolgen, wenn die Akzeptanz der Begleiterinnen dafür gegeben ist, dass jedes Kind anders und individuell trauert. Eine weitere Voraussetzung ist die Kenntnis über die Entwicklung des Todeskonzepts bei Kindern (vgl. Tausch-Flammer/Bickel, 1994, S. 63). Die Begleiterin sollte wissen, wie und unter welchen Umständen das Kind gestorben ist, und ob das Geschwisterkind die Möglichkeit einer Verabschiedung hatte.

Persönliche Lebensumstände, Folgen des Todes für das Kind und Kenntnisse über vorhandene soziale Stützen sollten ebenfalls gegeben sein (vgl. Specht-Tomann/Tropper, 2004, S. 114).

Grundsätzlich kann zu Gesprächen mit hinterbliebenen Geschwistern gesagt werden, dass je offener und ehrlicher über Sterben und Tod gesprochen wird, desto eher können beängstigende Phantasien sich auflösen und konkrete Bilder über den Tod des Geschwisterkindes entstehen (vgl. Tausch-Flammer/Bickel, 1994, S. 106). Kinder sollten in der Begleitung nicht dazu gedrängt werden, über das verstorbene Kind zu sprechen, falls sie dies jedoch tun, sollte ihnen ungeteilte Aufmerksamkeit geschenkt werden (vgl. Kübler-Ross/Kessler, 2006, S. 202f und Hohbeck, 2005, S. 298).

> »Jemand hat gesagt ›Gott hat ihn gewollt.‹ Weiß er denn nicht, dass ich ihn auch will?« (Ennulat, 2003, S. 151)

Als erwachsene Person sollte man sich immer bewusst sein, dass Kinder alles, was man sagt, sehr wörtlich nehmen. Deshalb darf die Tatsache des Todes auch nicht umschrieben werden, da sonst bei den Kindern falsche Vorstellungen entstehen können (vgl. Kübler-Ross/Kessler, 2006, S. 202f und Hohbeck, 2005, S. 298). Aussagen, wie dass das verstorbene Geschwisterkind eingeschlafen (gestorben) ist, können zu massiven Schlafstörungen bei Geschwistern führen (vgl. Specht-Tomann/Tropper, 2004, S. 134f)

> »Wundern Sie sich nicht, wenn ein vierjähriges Kind sie fragt, ob jemand ›ganz‹ oder nur ›ein bisschen‹ tot ist und ob der Tote noch essen, atmen, gehen und sprechen kann. Sie müssen auf diese Fragen eine klare Antwort geben.« (Kübler-Ross/Kessler, 2006, S. 2003).

Viele für uns klar erscheinende Aussagen und Redewendungen können für Kinder verwirrend sein und sie in ein zusätzliches Chaos stürzen. Auch verschiedene Bezeichnungen für Rituale sind für Kinder oft unklar. So kann das Kind beispielsweise meinen, dass die Totenwache dazu dient, gemeinsam auf das Erwachen des Verstorbenen zu warten. Vor allem auch das Versterben im Krankenhaus bedarf einer Erklärung, da betroffene Geschwister ansonsten starke Angstphantasien in Bezug auf Krankenhäuser entwickeln könnten (vgl. Glanzmann/Bergsträßer, 2001, S. 74f).

»Kinder kommen nicht zu Schaden, wenn man offen mit ihnen über Sterben und Tod spricht. Sie sollen wissen, dass Sterben und Tod natürliche Vorgänge sind, die zum Leben dazugehören.« (Glanzmann/Bergsträßer, 2001, S. 82)

Eine neutrale Gesprächspartnerin ist für das Kind teils sehr empfehlenswert, da ein Gespräch mit einer solchen wesentlich offener und sachlicher geführt werden kann als mit einem Elternteil (vgl. Glanzmann/Bergsträßer, 2001, S. 81). Gespräche sollten immer in ruhiger Atmosphäre und ohne Zeitdruck, stattfinden (vgl. Hohbeck, 2005, S. 298). Geschwisterkinder benötigen jemanden, der sich ihrer annimmt und ihnen dabei hilft, ihrer Frustration und ihren Gefühlen Ausdruck zu verleihen. Sie brauchen jemanden, der sich mit ihnen beschäftigt, ihnen Zeit schenkt und das Gefühl gibt, wichtig zu sein (vgl. Kübler-Ross, 2003, S. 134f). Kindern sollte von Begleiterinnen vermittelt werden, dass das Zeigen von tiefer Traurigkeit und Weinen ein normaler, natürlicher Weg ist, um Situationen, wie den Tod des Geschwisterkindes, zu verarbeiten (vgl. Glanzmann/Bergsträßer, 2001, S. 75). Geschwisterkinder benötigen auch die Erlaubnis mit anderen über ihr Schicksal zu sprechen. Eltern sollten dabei unterstützt werden, sich Zeit für die gesunden Kinder zu nehmen (vgl. Glanzmann/Bergsträßer, 2001, S. 115). Eltern sollten ihre Trauer gegenüber ihren überlebenden Kindern ausdrücken und keine Maske aufsetzen. Sie müssen den Kindern jedoch immer bewusst machen, dass nicht sie Schuld an der Traurigkeit der Eltern sind (vgl. Ritter, 2003, S. 53). Darüber hinaus sollten Väter und Mütter den Kindern auch zeigen, dass es normal ist, wieder zu lachen und Dinge des verstorbenen Geschwisterkindes zu benutzen (vgl. Fleck-Bohaumilitzky/Fleck, 2008, S. 66). Gute Medien zur Verarbeitung des Verlustes, die auch in der Begleitung der Kinder Berücksichtigung finden sollten, sind Spiele und Zeichnungen (vgl. Hinderer/Kroth, 2005, S. 32). Keinesfalls sollte die Trauer der Kinder vertröstet (»das wird schon wieder!«), verkleinert (»das ist ja gar nicht so schlimm!«) oder ihr einfach keine Resonanz gezeigt werden (»deine Schwester würde nicht wollen, dass du traurig bist«) (vgl. Hinderer/Kroth, 2005, S. 34). Besonders wichtig in der Begleitung von Geschwistern ist es auch, die eigene Wahrnehmung von der Interpretation zu trennen. Weinen kann auch bei einem trauernden Kind viele Ursachen haben und muss nicht unbedingt Trauer zum Ausdruck bringen (vgl. Hinderer/Kroth, 2005, S. 19).

Die vorangegangenen Ausführungen haben gezeigt, dass der Situation hinterbliebener Geschwister oft nicht ausreichend Beachtung geschenkt wird. Der kindliche Trauerprozess gestaltet sich in bestimmten Elementen anders als bei Erwachsenen, wobei dies wiederum sehr stark vom Alter des Kindes abhängig ist. Eine Teilnahme der Kinder an den pflegerischen Tätigkeiten als auch an sämtlichen Ritualen ist äußerst wichtig, bedarf aber einer guten und zielgerichteten Begleitung.

5 Methodendarstellung der empirischen Datenauswertung

In diesem Kapitel erfolgt die Methoden-, Durchführungs- und Auswertungsdarstellung des empirischen Teils der Arbeit. Zudem werden das Erkenntnisinteresse und die forschungsleitende Frage detailliert erläutert.

5.1 Erkenntnisinteresse und forschungsleitende Fragen

In dieser Studie wird folgende forschungsleitende Fragestellung untersucht:

Wie gestaltet sich der Sterbe- bzw. Trauerprozess von schwerstkranken Kindern, deren Eltern sowie Geschwistern, und welche Handlungsmöglichkeiten bestehen für die Profession der Sozialen Arbeit in dem Begleitungsprozess unter besonderer Bezugnahme auf die Versorgungssituation in Kärnten?

In Bezug auf diese Fragestellung musste festgestellt werden, wie die Versorgungssituation für schwerstkranke sterbende Kinder und deren Primarangehörige, Eltern und Geschwister, in Kärnten aussieht, also welche Angebote und Hilfsmöglichkeiten zur Verfügung stehen. Um diesbezügliche Aussagen treffen zu können, wurden zwischen Oktober und Dezember 2008 sieben Expertinneninterviews durchgeführt. Im Folgenden wird die Vorbereitung, Durchführung, Auswertung und Erkenntnisgewinnung durch diese Interviews dargestellt.

Das Erkenntnisinteresse der qualitativen Interviews liegt darin festzustellen, wie sich die Versorgungssituation von schwerstkranken sterbenden Kindern und ihren Eltern und Geschwistern sowohl während der Pflegephase als auch in der Zeit nach dem Tod des Kindes in Kärnten darstellt. Es wird aufgezeigt, welche Institutionen und Modelle in Kärnten derzeit zur Verfügung stehen und wo Mängel vorherrschen, beziehungsweise welchen Änderungsbedarf Expertinnen sehen. Erkenntnisrelevant ist auch die Frage, welche Rolle der Sozialen Arbeit in der Versorgung terminal erkrankter Kinder und ihrer Angehörigen zukommt, und ob sie ihren Handlungsspielraum erweitern könnte bzw. sollte. Weiters beschäftigt sich der Forschungsteil mit der Sichtweise der

Expertinnen hinsichtlich der Notwendigkeit des Aufbaus eines österreichweit ersten stationären Kinderhospizes. Abschließend wird bearbeitet, wie die befragten Personen die gesellschaftliche Haltung in Bezug auf Sterben, Tod und Trauer wahrnehmen.

5.2 Darstellung des methodischen Zuganges

Hinsichtlich des methodischen Zugangs habe ich mich für das Leitfadeninterview mit Expertinnen als sozialwissenschaftliche Untersuchungsmethode entschieden.

5.2.1 Leitfadengestütztes Expertinneninterview

Das leitfadengestützte Expertinneninterview ist für die hier behandelte Thematik besonders geeignet, da in den Interviews mit den Expertinnen mehrere unterschiedliche Themen, wie Sterbebegleitung von Kindern, Trauerbegleitung von Eltern und Geschwistern und die gesellschaftliche Sicht auf Sterben, Tod und Trauer, behandelt und darüber hinaus auch einzelne, genau bestimmbare Informationen, wie z.B. welche Institutionen es in Kärnten für verwaiste Eltern gibt, erhoben werden. Bei dieser nicht standardisierten Interviewform handelt es sich um einen besonderen, von der Alltagskommunikation und von anderen Befragungen klar zu unterscheidenden Kommunikationsprozess. Merkmale des leitfadengestützten Interviews sind kulturell festgelegte Kommunikationsregeln und Konventionen, feste Rollenverteilung, die Dialogführung durch die Fragende und die Ausrichtung auf ein bestimmtes Informationsziel. Ein leitfadengestütztes Expertinneninterview durchzuführen, bedeutet einen Kommunikationsprozess zu planen und zu gestalten, der alle Informationen einbringt, die für die Untersuchung benötigt werden. Hierfür ist es notwendig, die jeweilige Interviewpartnerin zur Kooperation zu motivieren und ein vertrauensvolles Gesprächsklima zu schaffen (vgl. Gläser/Laudel, 2006, S. 107ff). Zur Herstellung dieses positiven Gesprächsklimas zählten im Falle der hier beschriebenen Untersuchung bereits die Erstkontakte in Form von Telefonaten oder persönlichen Treffen, wobei es besonders darum ging, den Interviewzweck darzustellen und somit eine fachliche Beziehung aufzubauen.

5.2.2 Auswahl der Interviewpartnerinnen

Qualitätsentscheidend für die Interviews ist auch die Auswahl der Interviewpartnerinnen. Hierbei ist ausschlaggebend, wer über die notwendigen Informationen verfügt und auch bereit dazu ist, diese Informationen mitzuteilen (vgl. Gläser/Laudel, 2006, S. 113). In der vorliegenden Arbeit wird als Methode das Expertinneninterview genannt. Deshalb ist es wichtig, den Begriff Expertin zu definieren und fassbar zu machen. Hinsichtlich dieser Begriffsdefinition lehne ich mich Gläser und Laudel an:

>»Experten sind Menschen, die ein besonderes Wissen über soziale Sachverhalte besitzen, und Experteninterviews sind eine Methode, dieses Wissen zu erschließen.«
>(Gläser/Laudel, 2006, S. 10)

Als Expertin wird hierbei also nicht zwingend ein Mensch mit besonders herausgehobener Position, wie Wissenschaftlerin oder Politikerin, begriffen, sondern auch Personen, die über besonderes Wissen der sozialen Kontexte eines bestimmten Gebietes, in diesem Fall der Sterbe- und Trauerbegleitung, verfügen. Diese Expertinnen sind für die hier vorliegende Arbeit ein Medium, um Wissen über den Sachverhalt, Situationen und Prozesse zu erlangen (vgl. Gläser/Laude, 2006, S. 9ff).

5.2.3 Interviewleitfaden und Ausgangsmaterial

Der Interviewleitfaden ist ein Erhebungsinstrument, welches eine Art Gerüst darstellt, der Interviewerin jedoch weitgehende Entscheidungsfreiheit in Bezug auf die exakte Fragestellung und den Zeitpunkt der Frage gewährt. Der Interviewleitfaden ist das Ergebnis einer Operationalisierung, in welcher die Leitfragen in Interviewfragen übersetzt werden. Der Interviewleitfaden stellt sicher, dass in mehreren Interviews gleichartige Informationen erhoben werden, um so zu einer besseren Vergleichbarkeit beizutragen. Wie viele Fragen der Leitfaden enthält, hängt von der jeweiligen Thematik und der zur Verfügung stehenden Zeit ab (vgl. Gläser/Laudel, 2006, S. 138f). Der hier vorliegende Interviewleitfaden enthält 28 Fragen, aufgeteilt in vier Kategorien, welche in einer Zeit von 25 bis 55 Minuten beantwortet wurden.

Besondere Beachtung muss im Interviewleitfaden der Eingangsphase geschenkt werden, da sich in dieser Zeit das Gesprächsklima herausbildet, die

Rollen definiert werden und sich das Niveau der Kommunikation einstellt. Zu Beginn sollte immer eine leicht zu beantwortende Frage gestellt werden, um Spannungen abzubauen und um der Interviewpartnerin das Gefühl zu geben, dass diese die Interviewsituation meistern kann. In der Schlussphase ist es wichtig, dass die letzte Frage nicht durch zu große Komplexität einen schlechten Nachgeschmack hinterlässt (vgl. Gläser/Laudel, 2006, S. 138).

Der hier verwendete Interviewleitfaden spaltet sich in folgende Kategorien auf:

- allgemeine Fragen zur Arbeitssituation und zur Institution (Aufgaben, Ziele, beteiligte Professionen, Einschätzung der Ressourcen etc.)
- Beurteilung des Unterstützungsnetzwerkes für Kinder, Eltern und Geschwister
- Rolle der Profession Sozialer Arbeit
- gesellschaftlicher Umgang mit Sterben, Tod und Trauer

und überprüft folgende Thesen:

- Das Unterstützungsnetzwerk für schwerstkranke sterbende Kinder und hinterbliebene Eltern und Geschwisterkinder ist in Kärnten derzeit nicht ausreichend ausgebaut und sollte dringend erweitert werden.
- Die Profession Sozialer Arbeit sollte in Kinderkrebsstationen, Kinderhospizen und ähnlichen Einrichtungen eine wichtige Rolle spielen und fixer Bestandteil des Angebotes für Kinder und Eltern sein.
- Die Profession Sozialer Arbeit spielt in Kärnten in der Versorgung schwerstkranker sterbender Kinder und ihrer Angehörigen derzeit eine eher untergeordnete Rolle, eine Vernetzungsarbeit mit Sozialarbeiterinnen findet nur unzureichend statt.

5.3 Darstellung der Durchführung

5.3.1 Kontaktaufnahme

Im Vorfeld des Interviews wurde mit allen Interviewpartnerinnen, mit Ausnahme von Frau Mag. Heger (Interview G) und Herrn Dr. Kaiser (Interview E), bereits telefonisch Kontakt aufgenommen. Im Falle dieser beiden Personen kam der Kontakt über Drittbeteiligte zustande. Bei manchen Interviews war es notwendig, bürokratische Angelegenheiten im Vorfeld abzuklären oder auch Genehmigungen für die Interviews von übergeordneten Instanzen einzuholen.

Das Telefonat als Medium zum Erstkontakt wurde ausgewählt, da dies der Interviewpartnerin das Nachfragen ermöglichte und mir als Interviewerin die Gelegenheit bot, die Bereitschaft zum Interview abzuklären sowie Zeitpunkt und Ort des Interviews zu vereinbaren Ein ethischer Grundsatz bei der Durchführung jedes Interviews war jenes der informierten Einwilligung. Alle meine Interviewpartnerinnen wurden vor der Durchführung über die Ziele des Interviews, über die Art und Weise ihrer Mitwirkung und über die möglichen Folgen dieser Mitwirkung informiert. Es wurde den Gesprächspartnerinnen zugesichert, dass das aufgenommene Material nur für die vorliegende Arbeit verwendet wird und jene Teile, die sie umschrieben oder anonymisiert haben wollten, nur in dieser Art und Weise gebraucht werden. Im Vorfeld wurde auch die Aufzeichnung mittels Diktiergerät vereinbart und der Zweck dieser Aufzeichnung erklärt (vgl. Gläser/Laudel, 2006, S. 154 und 157).

5.3.2 Anforderungen an die Durchführung der Interviews

In der Anfangsphase des Interviews formuliert man bewusst oder auch unbewusst seine Erwartungen an die Interviewpartnerin und repräsentiert sich selbst. Die Herausforderung besteht darin, sich selbst als Person mit Fachwissen und bestimmter Professionalität bzw. als informierter und interessierter Laie darzustellen und von der Interviewpartnerin als solche wahrgenommen zu werden. Es gibt mehrere Regeln, die bei der Durchführung der Interviews beachtet wurden. Die Interviewsituation zeichnete sich durch aktives Zuhören seitens der Interviewerin aus (vgl. Gläser/Laudel, 2006, S. 167ff). Ich versuchte dies durch Konzentration auf den Inhalt der Ausführungen der Interviewpartnerin und durch Blickkontakt und etwaiges Kopfnicken zu gewährleisten. Mein Bestreben in den Interviews war es auch, den Redefluss der Partnerin möglichst nicht zu unterbrechen, erst im Nachhinein Verständnisfragen zu stellen und Pausen als Denkpausen zu interpretieren und zuzulassen. Um Verständnisfragen zu klären, bediente ich mich der Methode des Paraphrasierens. Teils war es bei den Interviews auch notwendig, Details zu erfragen. Jedes Interview endete mit einem Dank für die Bereitschaft, sich meinen Fragen zu stellen.

5.3.3 Erhebungsberichte

Das erste Interview (Interview A) mit Frau Scheiring fand in ihrem persönlichen Büro im Altersheim der Diakonie statt. Es zeichnete sich durch eine entspannte, ruhige Atmosphäre aus. Die Durchführung wurde durch keinerlei Störungen beeinflusst, da Handys und Telefon abgestellt wurden und auch sonst niemand unsere Konversation störte. Frau Scheiring wurde von mir als Interviewpartnerin ausgewählt, da sie als Leiterin der Hospizbewegung und mit ihrem spezifischen Fachwissen als Sterbe- und Trauerbegleiterin geeignet schien. Meine erste Interviewpartnerin zeigte sich von Anfang an sehr gesprächsbereit und auskunftsfreudig. Der Gesprächsverlauf war durchweg flüssig. Der Interviewleitfaden ließ sich sehr gut anwenden, obwohl die Interviewpartnerin keinen Kontakt zu sterbenden Kindern oder Eltern, die sich in der Pflegephase eines sterbenden Kindes befinden, hat.

Interview B mit Frau Moser fand ebenfalls in ruhiger Atmosphäre in der Teeküche der Abteilung Kinderonkologie des Landeskrankenhauses Klagenfurt statt. Auch hier waren wir für die Dauer des Interviews vollkommen ungestört. Es war ein auf das Thema fokussiertes und konzentriertes Interview. Es handelte sich um eine emotional sehr hoch besetzte Interviewsituation, da mir im späteren Verlauf noch die Station gezeigt wurde, und ich die Möglichkeit hatte, mir Gedenkbotschaften von Eltern anzusehen, deren Kinder auf der Station verstorben waren. Frau Moser war auch eine von nur zwei Interviewpartnerinnen, die direkten Kontakt zu den sterbenden Kindern hat, was sich auf die Interviewsituation insofern auswirkte, als dass sie mir einen Einblick in die Gefühlslage der Kinder und vor allem in das Sterben auf einer Krankenhausstation gewähren konnte. Die Durchführung des Interviews erforderte eine Genehmigung der Pflegedirektion, die ich jedoch schnell und unproblematisch mit Hilfe eines persönlichen Gesprächs und einer E-Mail erhielt. Frau Moser war ebenfalls von Anfang an sehr gesprächsbereit und gewährte mir einen Einblick in ihre herausfordernde Tätigkeit. Während und auch nach Abschluss des Interviews erkundigte sie sich über die Beweggründe meiner Themenwahl und war bezüglich bestehender Angebote für den betroffenen Personenkreis in Kärnten sehr interessiert.

Frau Grünberger (Interview C), auf deren Initiative das Konzept hinsichtlich eines stationären Kinderhospizes in Kärnten gefertigt wurde, war meine dritte Interviewpartnerin. Auch hier wurde wiederum ihr persönliches Büro als Interviewort genutzt. Frau Grünberger betreut schwerstkranke sterbende Kinder im Zuge der mobilen Kinderhauskrankenpflege und war dadurch meine zweite Interviewpartnerin mit direktem Kontakt zu sterbenden Kindern. Dieses Interview war zeitlich gesehen das längste und ebenfalls von offener, entspannter Atmosphäre gekennzeichnet. Frau Grünberger kennt durch ihre Tätigkeit ein sehr breites Spektrum verschiedener tödlich verlaufender Erkrankungen bei Kindern, außerdem hat sie Einblick in deren familiäre Situation. Dies spiegelte sich auch im Interview wider, und Frau Grünberger gewährte mir einen sehr guten Einblick in die Situation Betroffener.

Interview D war besonders auf krebserkrankte Kinder fokussiert und wurde von mir aufgrund vielfacher Nennungen in vorhergehenden Kontakten durchgeführt. Die Stimmung war sehr offen und wiederum aufgrund des Büroraumes als Durchführungsort ungestört. Einige Fragen des Interviewleitfadens, insbesondere in Bezug auf die Rolle der Profession Sozialer Arbeit, stellten sich für diese Gesprächssituation jedoch als unpassend heraus und konnten in der Auswertung nur bedingt herangezogen werden. Frau Ferra war ebenfalls von Beginn an sehr gesprächsbereit und gab mir auch nach Ende des Interviews zu verstehen, dass ich sie bei eventuell später auftauchenden Fragen jederzeit wieder kontaktieren könne.

Bei Interview E war neben dem eigentlichen Gesprächspartner, Herrn Landesrat Dr. Kaiser, auch dessen für die Krankenanstalten zuständiger Mitarbeiter Mag. Liesing anwesend. Dieser beteiligte sich jedoch nicht am Gespräch. Die Gesprächssituation war sehr angenehm, ruhig und ohne störende Einflüsse. Zu diesem Interview muss bemerkt werden, dass die ersten Sätze des Interviewpartners aufgrund von Schwierigkeiten mit dem Aufnahmemedium nicht transkribiert werden konnten. Herr Dr. Kaiser ist auch der einzige Interviewte, der in keinerlei direkten Kontakt mit Betroffenen steht. Es war mir jedoch wichtig, mit jemanden von der politisch verantwortlichen Seite und somit der Ebene, welche über die Infrastruktur und finanziellen Mittel entscheidet, zu sprechen und dessen Sichtweise mit einzubeziehen. Aufgrund der besonderen Zuständigkeit von Herrn Dr. Kaiser und auch anderer Schwerpunktsetzung des Interviews wurde der Leitfaden hier in abgewandelter Form angewendet.

Das Interview mit Frau Mag.[a] Kronawetter (Interview F) fand im Vorraum des Diakoniehauses Klagenfurt statt. Dadurch gab es natürlich zahlreiche Hintergrundgeräusche oder auch kurzzeitige Unterbrechungen durch das Klingeln ihres Handys. Die Interviewpartnerin ließ sich durch diese Einflüsse jedoch nicht ablenken. Es war ein thematisch konzentrierter und angenehmer Gesprächsverlauf. Dieses Interview war für mich vor allem in Hinsicht auf die Information über die Situation und Betreuung von hinterbliebenen Geschwistern wichtig. Das Gespräch endete mit der Signalisation der Bereitschaft, sich für mich abermals Zeit bei offenen oder später auftauchenden Fragen zu nehmen.

Interview G gestaltete sich als konzentriertes, themenbezogenes Gespräch ohne jeglichen Zeitdruck. Als Gesprächsort handelte es sich hier um das Büro von Frau Mag.[a] Heger. Auf diese Gesprächspartnerin und die Plattform »Verwaiste Eltern« wurde ich durch eine Internetrecherche und einen Zeitungsartikel aufmerksam. Der Gesprächsverlauf war hier sehr themenfokussiert, und Frau Heger schien sehr an meiner Arbeit interessiert zu sein. Im Anschluss an das Interview tauschten wir uns über unsere Beweggründe, uns mit einer solchen Thematik zu befassen, aus.

5.4 Darstellung des Auswertungsverfahrens

5.4.1 Qualitative Inhaltsanalyse

Die Auswertung der Interviews orientiert sich an der von Gläser und Laudel 1999 vorgenommenen Modifizierung der qualitativen Inhaltsanalyse nach Mayring. Es handelt sich hierbei um eine Extraktion, also um ein Verfahren, das dem Text Informationen nimmt und diese getrennt vom Text weiterverarbeitet (vgl. Gläser/Laudel, 2006, S. 264). Der gewählte qualitative Zugang zur Auswertung der vorliegenden Interviews zeichnet sich dadurch aus, dass der Inhalt der Informationen analysiert wird und dass das theoretisch abgeleitete Kategoriensystem am Material überprüft und abgeglichen wird. Es geht hier um Typisierungen und Konfigurationen von Informationen im Text. Im Zuge dieser Analyse extrahiert man den auszuwertenden Texten Daten (vgl. Gläser/Laudel, 2006, S. 193f).

> »Die qualitative Inhaltsanalyse ist das einzige Verfahren der qualitativen Textana-
> lyse, das sich frühzeitig und konsequent vom Ursprungstext trennt und versucht,
> die Informationsfülle systematisch zu reduzieren sowie entsprechend dem Unter-
> suchungsziel zu strukturieren.« (Gläser/Laudel, 2006, S. 194)

Hauptaugenmerk liegt hierbei auf der Extraktion, also der Entnahme benötigter Informationen aus dem Text. Es wird ein Suchraster aus den theoretischen Vorüberlegungen konstruiert und dann mittels Extraktion entschieden, welche der Informationen für die Untersuchung relevant sind. Diese Informationen werden dann den entsprechenden Kategorien des Suchrasters zugeordnet und eingetragen. Das Kategoriensystem stützt sich zwar auf Vorüberlegungen, ist aber zugleich offen und kann während der Extraktion verändert werden, wenn neue nicht zuordnenbare Informationen auftauchen. Einzelne Kategorien können aber nicht entfernt werden, und somit verschwinden auch keine theoretischen Vorüberlegungen aus der Auswertung (vgl. Gläser/Laudel, 2006, S. 194f). Die Zuordnung zu einer Kategorie beruht auf einer Interpretation des Textes und ist somit immer individuell geprägt. Die darauffolgende Analyse und Interpretation gehen von den extrahierten Rohdaten aus, führen die Quellenangabe aber immer mit. Die Rohdaten werden nun zunächst zusammengefasst und auf Widersprüchlichkeiten oder Redundanzen untersucht. Diese strukturierte Informationsbasis bildet die Grundlage für die darauffolgende Auswertung. Es wird nun nach interessanten Kausalzusammenhängen und -mechanismen gesucht. Hierbei wird nicht vorab festgelegt, welche Merkmalsausprägungen auftreten können, sondern gewissermaßen offene Fragen an den auszuwertenden Text gestellt. Hierin besteht auch der Unterschied dieser Auswertungsmethode zur ursprünglichen nach Mayring, der davon ausging, Kategorien zu entfernen, wenn immer diese nicht dem Material entsprechen (vgl. Gläser/Laudel, 2006, S195 ff).

5.4.2 Transkription

Hinsichtlich der Dokumentation der Interviews habe ich mich entschieden, die Interviews auf Tonband aufzunehmen und anschließend zu transkribieren. Diese Herangehensweise wählte ich, um Informationsverlusten und -veränderungen vorzubeugen. Die Interviews wurden möglichst vollständig transkribiert. Pausen, Lachen, Stottern oder paraverbale Äußerungen wie »ehm«, »äh« wurden weggelassen, da diese für die Auswertung nicht relevant sind (vgl. Gläser/Laudel, 2006, S. 151 und S. 188).

Sämtliche Interviews wurden ins Hochdeutsche übersetzt und gewisse Textpassagen aus Gründen der Anonymität oder auf Bitte der Interviewpartnerinnen umgeschrieben oder weggelassen und dementsprechend gekennzeichnet. Außerdem wurden gewisse Sätze, die für die Forschungsfrage absolut irrelevant sind, und gewisse Wörter zur besseren Verständlichkeit weggelassen. Auch dies wurde entsprechend gekennzeichnet.

6 Auswertung der Interviews in Kategorien

Im Anschluss werden die Ergebnisse der Auswertung in Kategorien geordnet dargestellt. Die Interpretation erfolgt in der Art und Weise einer Schlussfolgerung und einer Einschätzung der Aussagen. Als Abschluss der Ergebnisdarstellung wird ausgeführt, wie die gewonnenen Erkenntnisse der Profession der Sozialen Arbeit als Orientierung dienen können und welche Handlungsnotwendigkeiten daraus abzuleiten sind.

Im Folgenden werden für die Nachvollziehbarkeit der Datenerhebung folgende Abkürzungen verwendet:

Interview A	Doris Scheiring	Leiterin Hospizbewegung der Diakonie Kärnten	IA
Interview B	Erika Moser	Stationsschwester Kinderonkologie LKH Klagenfurt	IB
Interview C	Sabine Grünberger	Gründerin von MOKI Kärnten, Initiative Kinderhospiz	IC
Interview D	Evelyne Ferra	Obfrau der Kärntner Kinderkrebshilfe	ID
Interview E	Dr. Peter Kaiser	Landesrat	IE
Interview F	Mag.ª E. Kronawetter	Rainbows	IF
Interview G	Mag.ª Karin Heger	Plattform »Verwaiste Eltern«	IG

6.1 Versorgungssituation in Kärnten

Um die Versorgungssituation in Kärnten darzustellen, habe ich mich dazu entschlossen, zunächst die Institutionen, Vereine oder auch Initiativen der Interviewpartnerinnen mit den jeweiligen Angeboten, Aufgaben, Zielen und beteiligten Professionen darzustellen, um danach mit Hilfe der Interviews die Versorgungssituation für Betroffene in Kärnten zu erschließen.

6.1.1 Darstellung der befragten Angebote

Interviewpartnerin A – Hospizbewegung Kärnten

Der überparteiliche und überkonfessionelle Verein besteht seit 1997 und orientiert sich an den Grundprinzipien der Hospizbewegung.

Aufgaben

- Begleitung sterbender, erwachsener Menschen und ihrer Angehörigen
- Trauergespräche mit hinterbliebenen Eltern
- keine Angebote für sterbende Kinder oder deren Geschwister

Ziele

- Steckenbleiben im Trauerprozess verhindern
- Kärntner Gesellschaft zu einer aktiv gelebten Trauerkultur führen

Mitarbeiterinnen
- 130 aktiv Tätige in 10 Ortsgruppen (Stand: Oktober 2009)
- Befähigung zur Tätigkeit durch eine 92 Stunden dauernde Grundschulung

Ressourcen
- Spenden und Unterstützung von der Landesregierung
- Minderung des Spendenaufkommens durch die Wirtschaftskrise bemerkbar

Interviewpartnerin B – Kinderonkologie LKH Klagenfurt

Die kinderonkologische Station des LKH Klagenfurts ist die Schwerpunktstation für krebserkrankte Kinder in Kärnten und bietet zusätzlich zur konventionellen onkologischen Therapie auch homöopathische Zusatzbehandlungen an.

Aufgaben

- pflegerische und medizinische Angebote
- Angebote von Psychologinnen und Sozialberaterinnen
- Mitbetreuung von Geschwistern

Ziele

- Patienten in der Endphase und ihren Angehörigen, soweit es geht, alles zu ermöglichen, auch wenn dies für den Gesundheitszustand primär nicht förderlich ist

Mitarbeiterinnen

- medizinische und pflegerische Professionen, aber auch Psychologinnen und Sozialberaterinnen

Ressourcen

- ausreichend finanzielle und personelle Ressourcen

Interviewpartnerin C – MOKI Kärnten

MOKI Kärnten ist der 2005 gegründete Verein der Mobilen Kinderkrankenpflege. Die Mitarbeiterinnen des Vereins unterstützen, entlasten und stärken Eltern, die ihr Kind zu Hause pflegen.

Aufgaben

- pflegerische Betreuung chronisch kranker und schwerstbeeinträchtigter Kinder
- Betreuung von Kindern in der Palliativphase[16]

Ziele

- umfassende Entlastung der Eltern[17]

---

[16] z.B. Wachkomapatienten (derzeit 2 Kinder, Stand: 6.11.2009) oder heimbeatmete Kinder (derzeit 3 Kinder, Stand: 6.11.2009), insgesamt Betreuung von 32 Familien, davon 6-10 mit einem Kind in der Sterbephase (November 2009).

[17] Eltern müssen derzeit einen Selbstbehalt von 8,50 Euro pro Stunde bezahlen, Betreuungsvolumen von bis 40 Wochenstunden möglich.

Mitarbeiterinnen

- 15 diplomierte Gesundheits- und Krankenpflegeschwestern, diplomierte Kinderkrankenschwestern und eine diplomierte Behindertenpädagogin

Ressourcen

- absoluter Personalmangel und finanzielle Kürzungen

Interviewpartnerin D – Kärntner Kinderkrebshilfe

Die Kärntner Kinderkrebshilfe wurde vor mehr als 20 Jahren als Elterninitiative mit dem Ziel, Familien mit krebserkrankten Kindern umfassend zu unterstützen, gegründet. Daraus hat sich ein Verein mit über 940 Mitgliedern entwickelt.

Aufgaben

- finanzielle Unterstützung von Familien mit krebskranken Kindern
- psychologische Betreuung zu Hause[18]
- Hilfestellungen bei bürokratischen Anforderungen
- Möglichkeit für betroffene Kinder und Geschwister, ins Feriencamp zu fahren[19]

Ziele

- Wegfall des Selbstbehaltes für Kinder in den Krankenhäusern

Mitarbeiterinnen

- acht Vorstandsmitglieder und vier Beiräte – verschiedene Professionen

---

[18] Im Jahr 2009 Betreuung von sieben sterbenden Kindern.
[19] Kosten werden vom Dachverband und von der Kärntner Kinderkrebshilfe übernommen.

Ressourcen

- Finanzierung über Spenden, private Investoren, keine Landesförderung

Interviewpartnerin E – Landesregierung Klagenfurt

Das Interview mit Herrn Dr. Kaiser fand mit der Zielsetzung, Hintergrundinformationen über die Sichtweise politisch Verantwortlicher zu erlangen, statt. Es handelt sich bei der Landesregierung um kein mit den anderen vergleichbares Angebot, deshalb wird auf eine Darstellung der Aufgaben, Ziele und Professionen verzichtet und erst später auf das Interview Bezug genommen.

Interviewpartnerin F - Rainbows

Rainbows ist ein 1992 gegründeter Verein, der es sich zur Aufgabe macht, Kinder und Jugendliche bei Verlusterfahrungen, wie der Trennung oder Scheidung der Eltern oder den Tod eines Familienmitgliedes, zu begleiten.

Aufgaben

- Intensivbegleitung für Geschwister bzw. Familien nach dem Tod des Kindes
- Einzelbetreuung, Gruppenbetreuung, Familienbetreuung[20]

Ziele

- Befähigung Betroffener zur eigenständigen Auseinandersetzung mit der Trauer

Mitarbeiterinnen

- drei speziell ausgebildete Trauerbegleiterinnen

---

[20] Eine Betreuungseinheit (etwa eine Stunde) kostet den Betroffenen 45 Euro, Unterstützung im Bedarfsfall durch Gemeinde oder Stadt.

Ressourcen

- Einschätzung finanzieller Ressourcen als unzureichend
- fehlende finanzielle Mittel sind oft Grund, warum es nicht zur Begleitung kommt

Interviewpartnerin G – »Verwaiste Eltern«

Die Plattform »Verwaiste Eltern« besteht seit 2008 und versteht sich als
Drehscheibe für die Beratung und Information vom Tod eines Kindes betroffener Eltern.

Aufgaben

- Betreuung von verwaisten Eltern, Geschwistern und Partnerinnen von
  Jugendlichen mittels Gesprächstherapie[21]
- Kriseninterventionen bis hin zur Aufarbeitung von lang zurückliegen-
  den Erfahrungen[22]
- Gruppenangebote, Trauerseminare, Fort-, Aus- und Weiterbildung für
  verschiedene Berufsgruppen (Polizei, Bestattung, Krankenschwestern,
  Pädagoginnen) für den Umgang mit sterbenden Kindern und deren An-
  gehörigen

Ziele

- Stabilisierung und Unterstützung Betroffener
- Familie dort abzuholen, wo sie steht

Mitarbeiterinnen

- Netzwerk von Psychotherapeutinnen, Psychologinnen, Seelsorgerinnen
  und Juristinnen

Ressourcen

- abhängig von Sponsorengeldern und Spenden

---

[21] Derzeitige Betreuung von sechs Familien (Stand: November 2009).
[22] Keine Kosten und keine Zeiteingrenzung.

- Einschätzung für das aktuelle Jahr (2009) aufgrund hoher Spendenaufkommen gut
- Personelle Ressourcen im Stadtgebiet (Klagenfurt, Villach) ausreichend
- im überregionalen Bereich (Spittal bis Lienz, Mölltal, Gailtal) schwierig

Zwischenfazit

Hinsichtlich der Auswertung ist hier bei der Einschätzung der Ressourcen bereits ein interessanter Punkt erkennbar. Von den sechs hier dargestellten Angeboten handelt es sich bei fünfen um Vereine bzw. eine Plattform, wobei drei davon sich in kompletter Abhängigkeit von Sponsorinnen und Spendengeldern sehen und fünf angeben, dass Spenden ein wichtiges Mittel zur Durchführung des Vereinszweckes darstellen. Alle Befragten könnten ohne Spenden ihre Arbeit nicht in qualitativ hochwertiger Weise durchführen. Lediglich die kinderonkologische Abteilung des LKH Klagenfurts berichtet über keinerlei finanzielle Einschränkungen. Hier lässt sich bereits erkennen, dass die Thematik sterbender Kinder und ihrer Angehörigen von ihrer Wichtigkeit und Brisanz eine eher untergeordnete gesellschaftspolitische Rolle einnimmt und eher in den Bereich privater Bestrebungen und des Ehrenamtes ausgegliedert wird.

6.1.2 Optimale Betreuung und wichtige Elemente in der Versorgung

Eine optimale Betreuung ist für Interviewpartnerin A durch Interdisziplinarität und Bedarfsorientierung an dem betroffenen Familiensystem gekennzeichnet. Als Kernelement wird die Schaffung von Zeitressourcen für die Eltern und für die Geschwisterkinder angesehen (vgl. IA). Weitere relevante Elemente sind ihr zufolge die Unterstützung sterbender Klienten bei der Bewahrung von Würde, Förderung der Selbstständigkeit und Hilfe bei der Bearbeitung von »Unerledigten«[23]. Hinsichtlich der Trauerbegleitung wird Zuhö-

---

[23] Hierbei ist eventueller Klärungsbedarf hinsichtlich Streitigkeiten in der Familie oder auch der Ausdruck von Wünschen für Familienmitglieder oder Freunde sowie Wünsche in Bezug auf die eigene Bestattung gemeint. Der Begriff wurde unter anderem von der Sterbeforscherin Kübler-Ross geprägt.

ren, Raum und Zeit zu schenken und das »Sich-einlassen-Können« auf die Gefühlswelt der Betroffenen als entscheidend angesehen (vgl. IA).

Interviewpartnerin B sieht eine optimale Betreuung in einer Bezugspflege als realisiert an. Diese Bezugspflege ist jedoch aufgrund des Turnusdienstes auf der Station und des regen Wechsels nicht umsetzbar. Dies kann ihrer Meinung nach jedoch durch eine gut funktionierende Kommunikation unter den Betreuerinnen zum Teil ausgeglichen werden (vgl. IB). In Bezug auf das optimale Betreuungskonzept gibt die Stationsschwester an, dass sie dies stark im Setting der Pflege zu Hause und somit im gewohnten Umfeld verankert sieht. Dieses Modell ist laut Interviewpartnerin B aber nur mit einer Medizinerin im Krankenhaus, die für die pflegerischen Aspekte zuständig ist, in Kombination mit einer guten Hausärztin umsetzbar (vgl. IB). Wichtig ist für IB vor allem der Erstkontakt zu den Patienten, da er die Grundlage für eine Vertrauensbasis mit dem Kind und den Bezugspersonen darstellt (vgl. IB).

Die Gründerin von MOKI Kärnten sieht ebenso wie Interviewpartnerin A multiprofessionelles und interdisziplinäres Vorgehen, ergänzt durch Kontinuität, als Grundvoraussetzungen für eine optimale Betreuung. In Kärnten könnte ihr zufolge eine Zusammenarbeit zwischen der mobilen Kinderkrankenpflege (MOKI), den mobilen Palliativteams in Kärnten inklusive einer dafür ausgebildeten Pädiaterin[24] sowie der Integration Kärnten, Psychologinnen und Psychiaterinnen eine Möglichkeit sein. (vgl. IC)

Interviewpartnerin D folgend ist für eine optimale Betreuung eine multiprofessionelle Vernetzungsarbeit notwendig, wobei sie speziell in ihrer Arbeit eine Verfügbarkeit rund um die Uhr und schnelle, unbürokratische Hilfe als wesentliche Qualitätsmerkmale ansieht (vgl. ID).

Optimale Betreuung zeichnet sich laut Interviewpartner E durch Flexibilität, Vorhandensein, Kommunikation (offenes Gespräch und aktives Zuhören), Netzwerken zwischen den Strukturen und eine gute finanzielle Absicherung der relevanten Hilfsangebote, damit sich diese auf ihren Vereinszweck konzentrieren können, aus (vgl. IE). Als eine Grundvoraussetzung hierfür ist eine

---

[24] Eine Fachärztin für Kinder- und Jugendheilkunde, welche derzeit für Palliativteams in Kärnten jedoch nicht verfügbar ist.

dementsprechende Ausbildung und auch gute Betreuung der professionell Tätigen anzusehen (vgl. IE).

Die zentralen Elemente einer optimalen Betreuung stellen für die Rainbows-Gruppenleiterin (IF) Information, Unterstützung, Begleitung und Coaching dar. Weiters sollte den Betroffenen ein Raum für Trauer und dementsprechende Rituale zur Verfügung gestellt werden (vgl. IF). In ihrer Tätigkeit als Begleiterin für verwaiste Geschwisterkinder sieht sie es als wesentliches Element an, die Aufmerksamkeit der Eltern auch wieder auf ihre lebenden Kinder zu lenken (vgl. IF).

Interviewpartnerin G sieht eine kontinuierliche Versorgung der gesamten Familie und Entlastung des immer unter Anspannung stehenden familiären Systems als wesentlich an. Auch eine Betreuung der Geschwister und ein Coaching der Eltern in Bezug auf ihre noch lebenden Kinder ist in diesem Prozess notwendig, um Konflikten und daraus resultierenden späteren Trennungen vorzubeugen (vgl. IF). Als wichtigste Kernelemente werden von Interviewpartnerin G die Ressourcenorientierungen und methodengestütztes Vorgehen mit dem Ziel, eine Integration des Geschehens in das Leben der Betroffenen zu ermöglichen, genannt (vgl. IF).

Zwischenfazit

Bei der Auswertung ist es besonders interessant, dass es nur wenige Überschneidungen in den Antworten der befragten professionell Tätigen gibt, sich insgesamt jedoch ein sehr detailliertes Bild der Elemente und Anforderungen an eine optimale Betreuung von schwerstkranken sterbenden Kindern und deren Primärangehörigen ergibt. Interdisziplinarität, Schaffung von Zeitressourcen vor allem für Geschwister, Multiprofessionalität und Kontinuität in der Betreuung werden von zwei Ansprechpartnerinnen als primäre Elemente genannt. Drei der Interviewpartnerinnen heben vor allem Kontinuität in der Betreuung und die Schaffung von Raum und Zeit für die Trauerverarbeitung als äußerst bedeutsam hervor.

Folgende Elemente werden als Voraussetzungen für eine optimale Betreuung einzeln benannt und können als guter Anforderungskatalog an Betreuungssituationen verstanden werden: Bearbeitung von Unerledigtem, Bedarfsorientierung am System, Begleitung, Coaching, Flexibilität, Information, Schaffung von Zeitressourcen, Unterstützung bei der Bewahrung von Würde und Selbstständigkeit sowie Vernetzung. Als Voraussetzung für die Umsetzung dieser Elemente werden eine dementsprechende Ausbildung, Finanzierung und Betreuung der professionell Tätigen beispielsweise mittels Supervisionen genannt. In Bezug auf die Trauerbegleitung werden die Schaffung von Raum und Zeit zur Trauerbewältigung und das Einlassen auf die Gefühlswelt Betroffener als bedeutsame Faktoren angesehen.

6.1.3 Institutionen, handlungsrelevante Angebote und Netzwerkarbeit

Nachfolgend werden alle themenbezogenen Institutionen und Angebote in Kärnten, die den Interviewpartnerinnen bekannt sind, wiedergegeben, um einen Überblick über die Angebotspalette zu gewährleisten. Zudem erfolgt eine Einschätzung der Interviewpartnerinnen hinsichtlich der Relevanz von Netzwerkarbeit zwischen den einzelnen Angeboten und im Anschluss wird die Gesamtversorgungssituation in Kärnten beurteilt.

Sterbende Kinder

- *Caritas:* Dieser Verein wird von Interviewpartnerin B mit dem Verweis, dass auch dieser eventuell etwas anbieten könnte, genannt (vgl. IB).
- *Heilpädagogische Abteilung des LKH Klagenfurt:* Die Initiatorin des Kinderhospizes weist auf die Möglichkeit, für schwerstkranke sterbende Kinder einen Rehabilitationsaufenthalt von zwei bis vier Wochen auf dieser Station in Anspruch zu nehmen, hin (vgl. IC).
- *Initiative zum Bau eines Kinderhospizes:* Interviewpartnerin B folgend gibt es auch innerhalb des LKH Klagenfurt Bestrebungen, ein Hospizhaus aufzubauen, welches die Betreuung sterbender Kinder inkludieren soll (vgl. IB).
- *Kärntner Kinderkrebshilfe:* Dieser in Kärnten tätige Verein für die Hilfe von Familien, in denen ein Kind an Krebs erkrankt ist, wird von Interviewpartnerin A, B und E als relevantes Hilfsangebot genannt (vgl. IA, IB und IE).

- *Kinderonkologische Station des LKH Klagenfurt:* Diese Station wird für die Abdeckung vor allem pflegerischer Bedürfnisse sterbender Kinder von Interviewpartnerin A benannt (vgl. IA).
- *MOKI-Kärnten:* Als für die Bedürfnisabdeckung sterbender Kinder ist der Leiterin der Hospizbewegung und dem Landesrat dieser Verein ein Begriff (vgl. IA und IE). Auch Interviewpartnerin A nennt MOKI Kärnten, wobei sie sich hinsichtlich des Angebotes und der Qualifikation der Mitarbeiter nicht sicher ist (vgl. IB).
- *Vereine:* Interviewpartner E verweist darauf, dass es seines Wissens weitere Vereine gibt, benennt diese jedoch nicht namentlich (vgl. IE).

Eltern

- *Entlastungsangebote im Krankenhaus:* Diese werden von Interviewpartnerin B, D und G genannt. Die Stationsschwester führt beispielsweise Gesprächsangebote mit Psychologinnen an (vgl. IB, ID und IG).
- *Gedenkfeier für verstorbene Kinder[25]:* Die Interviewpartnerinnen C und G weisen auf diese besondere Feier mit ökonomischen Gottesdienst für verwaiste Eltern hin, welche jedes Jahr am zweiten Advent in vier Kärntner Bezirken stattfindet (vgl. IC und IG).
- *Gemeinnützige Vereine: Rotary Club, Round Table oder Lions* werden von Interviewpartnerin C für die Finanzierung von Hilfsmitteln und Betreuungsstunden als unentbehrlich angesehen. Der Verein *Keep Children Care* wird als relevante Hilfeleistung bei beispielsweise Pflegegeldeinstufungen genannt (vgl. IC).
- *Hospizbewegung Kärnten:* Dieser Verein wird für das öffentliche Publikmachen der Thematik als wichtig eingestuft (vgl. IC).
- *Integration Kärnten:* Interviewpartnerin C benennt die *Integration Kärnten* als Angebot, welches betroffenen Eltern aufsuchende psycho-

---

[25] Diese als ›candle ligthing‹ bezeichnete Aktion wird jedes Jahr am zweiten Sonntag im Dezember weltweit von verschiedenen Gruppen durchgeführt. Alle Kerzen werden um 19:00 Uhr entzündet. Deshalb bildet sich eine Lichterwelle um die Welt. Während die Kerzen in der einen Zeitzone erlöschen, werden sie in der nächsten entzündet (vgl. Ritter, 2003, S. 66 und Hohn, 2008, S. 151).

logische Beratung und verschiedenste Hilfestellungen, beispielsweise auch bei Behördenwegen, zur Verfügung stellt (vgl. IC).

- *Kärntner Kinderkrebshilfe:* Hinsichtlich der Betreuung und Entlastung pflegender und trauernder Eltern wird von den Interviewpartnerinnen A, B, F und G dieser Verein als relevant benannt (vgl. IA, IB, IF und IG).
- *Mobile Krankenpflege:* Bezugnehmend auf die Pflege sehen Interviewpartnerinnen D und E vor allem die mobile Krankenpflege als Entlastung an (vgl. ID und IG).
- *MOKI Kärnten:* Dieser Verein wird von Interviewpartnerin G als relevantes Entlastungsangebot benannt (vgl. IG).
- *PAX, Bestattungsinstitut Klagenfurt:* Interviewpartnerin C benennt diese hinsichtlich der Öffentlichkeitsarbeit als wichtig. Einmal jährlich wird vom *PAX* eine Kunst- und Kulturveranstaltung durchgeführt, die das Thema Tod und Sterben in den Mittelpunkt stellt (vgl. IC).
- *Pfarren:* Diese werden von Interviewpartnerin G für betroffene Eltern als hilfreich erlebt (IG).
- *Pflegeförderung für Pflegegeldbezieher:* Dies wird als Entlastungsangebot für pflegende Eltern von Interviewpartnerin C genannt. Pflegegeldbezieher ab der Pflegestufe vier haben Anspruch auf 28 Tage Urlaub pro Jahr, also auf Pflegeentlastung. Diese können dann in Bad Bleiberg mit einem Selbstbehalt von 50 Euro urlauben, und das Kind wird in der Zwischenzeit von einer mobilen Pflege zu Hause betreut. Diese Betreuung wird dann von der Abteilung 13 des Landes Kärnten bezahlt (vgl. IC).
- *Plattform verwaister Eltern:* Diese ist der Trauerbegleiterin des Vereins *Rainbows* bekannt (vgl. IF).
- *Privater Sektor:* Hier werden psychotherapeutische und psychologische Maßnahmen von Anbietern der *AVS* und *Pro Mente* benannt (vgl. IF).
- *Selbsthilfegruppen:* Interviewpartnerin F glaubt zwar, dass solche bestehen, kennt diese jedoch nicht namentlich (vgl. IF).
- *Sterntalerhof:* Der Sterntalerhof als überregionales Angebot ist den Interviewpartnerinnen B, C, D und G bekannt und wird durchwegs positiv bewertet (vgl. IB, IC, ID und IG).
- *Trauergruppen:* Als relevant angeführt, jedoch nicht näher benannt, werden diese von Interviewpartnerin A (vgl. IA). Interviewpartnerin C

spricht hierbei den katholischen Familienverband als Anbieter von Trauergesprächen an (vgl. IC).

Geschwister

- *Rainbows:* Dieser Verein ist Interviewpartnerin A und C bekannt. Es bestehen jedoch teils Unsicherheiten, ob *Rainbows* tatsächlich an die speziellen Bedürfnisse der Kinder angepasste Intervention anbieten kann (vgl. IC).
- *Selbsthilfegruppen:* Diese werden von Interviewpartner E als relevante Angebote genannt (vgl. IE).
- *Kärntner Kinderkrebshilfe:* Von Interviewpartnerin B wird noch darauf hingewiesen, dass sich dieser Verein auch um die Bedürfnisse von betroffenen Geschwistern kümmert (vgl. IB).

Netzwerkarbeit

Interviewpartnerin A definiert Netzwerkarbeit als wesentlichen und wichtigen Bestandteil ihrer Tätigkeit (vgl. IA). Die kinderonkologische Station am LKH Klagenfurt (Interview B) steht vor allem in Netzwerkarbeit mit der Kinderkrebshilfe, welche auch für die Vernetzung nach außen hin zuständig ist (vgl. IB). Interviewpartnerin C benennt die Integration Kärnten, das Klagenfurter Familienforum, Rainbows, den katholischen Bildungsverband, die AVS und private Ergotherapie-Institutionen, das LKH Klagenfurt und Villach und niedergelassene Kinderärztinnen als Netzwerkpartnerinnen (vgl. IC). Die Kärntner Kinderkrebshilfe (Interview D) steht nur mit dem Dachverband der Kinderkrebshilfe Österreich und mit anderen Vereinen des Verbandes in Kontakt. Netzwerkarbeit ist laut Interviewpartnerin D nicht zwingend notwendig, da alles vereinsintern geklärt werden kann und ein Verweisungswissen ausreichend ist (vgl. ID). Interviewpartnerin E sieht die Notwendigkeit der Netzwerkarbeit vor allem dann gegeben, wenn ein Fall besondere Präsenz in den Medien hat. Generell besteht mit den Referaten für Jugend und Familie und der Palliativstation des LKH Klagenfurt gute Netzwerkarbeit (vgl. IE).

Die Netzwerkarbeit ihrer Plattform beschreibt Interviewpartnerin G als sehr ausgeprägt. Diese erstreckt sich über verschiedenste Professionen und Institutionen wie Psychotherapeutinnen, Psychologinnen, Seelsorgerinnen, Juristinnen, aber auch den Bestattungsinstitutionen und Krankenhäusern sowie der Kinderkrebshilfe und dem psychiatrischen Not- und Krisendienst. Juristinnen sind vor allem für die Unterstützung der Eltern, deren Kinder am plötzlichen Kindstod oder bei Unfällen verstarben, wichtig. Bezüglich der Geschwisterkinder besteht Netzwerkarbeit mit dem Verein Rainbows. Weitere relevante Netzwerkpartnerinnen stellen für die Plattform Pfarrgemeinden und Pfarren sowie die Krisenintervention des Roten Kreuz dar. Diese Netzwerkarbeit soll noch ausgebaut werden (vgl. IG).

Zwischenfazit

Auf den ersten Blick erscheint es, als wären für den betroffenen Personenkreis eine Vielzahl von Angeboten und Institutionen verfügbar. Somit müsste bei oberflächlicher Betrachtung eigentlich eine Bedarfsdeckung gegeben sein. Wenn man die Angebote für die Kinder jedoch näher betrachtet, sieht man, dass den Interviewpartnerinnen bei einigen Angeboten selbst nicht klar ist, ob diese etwas anbieten (Caritas, Vereine), andere Angebote sind erst im Aufbau und eine Realisierung ist noch gar nicht sicher (Initiative zum Bau des Kinderhospizes). Einige Einrichtungen sind wieder nur auf spezielle Krankheitsbilder zugeschnitten, wie z.B. die Kärntner Kinderkrebshilfe und die kinderonkologische Abteilung des LKH Klagenfurts, und schließen somit eine Vielzahl schwerstkranker sterbender Kinder und ihre Bedürfnisse aus.

Dasselbe Bild ergibt sich bei der Betrachtung der Angebote für pflegende und verwaiste Eltern. So bieten hier einige Institutionen, zum Beispiel die PAX oder die Kärntner Hospizbewegung, keine direkte Hilfe an, sondern sind für die Öffentlichkeitsarbeit wichtig. Der Sterntalerhof (Burgenland) ist als überregionales Beispiel nicht für die Kärntner Situation relevant. Hinsichtlich der Versorgung der Angehörigen nach dem Tod eines Kindes ist auffällig, dass den Interviewpartnerinnen kein direktes Angebot bekannt ist. Es wird zwar von manchen ein Gedenktag genannt, dieser ist aber für die Öffentlichkeitsarbeit relevant und führt sicherlich zu einer tragfähigen Bindung zwischen den Eltern, eine langfristige Hilfe kann darin aber nicht gesehen werden. Trauergruppen und Selbsthilfevereine werden zwar als wichtig eingestuft, jedoch bestehen hinsichtlich ihrer Wirksam- und Sinnhaftigkeit Zweifel. Konkrete namentliche Nennungen sind den Interviewpartnerinnen nicht möglich. Auffallend ist, dass sich die Interviewpartnerinnen und ihre Angebote untereinander scheinbar nur eingeschränkt kennen. So ist die Plattform für verwaiste Eltern nur einer Interviewpartnerin bekannt. Auch MOKI Kärnten wird nur von zwei Interviewpartnerinnen genannt. Die Kärntner Kinderkrebshilfe hingegen scheint bereits über einen hohen Bekanntheitsgrad zu verfügen. Sie wird von vier Interviewpartnerinnen angeführt.

Hinsichtlich der Geschwister wird die Unterversorgung in der Auflistung der damit befassten Institutionen klar deutlich. So ist der Verein Rainbows nur bei zwei Interviewpartnerinnen bekannt, und auch hier besteht Unklarheit hinsichtlich der Zuständigkeit und des Angebotes.

Netzwerkarbeit wird von sechs der Interviewpartnerinnen als ein sehr wichtiger und wesentlicher Arbeitsbestandteil eingeschätzt. Nur eine Interviewpartnerin stuft die Netzwerkarbeit für ihre Institution als nicht relevant ein.

6.1.4 Ausbau- und Änderungsanforderungen

»Also Kinderrechte oder die Kindercharta ist da, ich glaube, ein bisschen übersehen worden.« (IB)

Ausbaubedarf und klare Mängel an der Kärntner Situation sehen Interviewpartnerin A, B, C, F und G (vgl. IA, IB, IC, IF und IG). Im Interview D wird die Versorgungslage für trauernde Eltern und Geschwister zunächst positiv eingeschätzt, in Bezug auf ihre Wirksamkeit jedoch kritisch beäugt (vgl. ID). Interviewpartner E sieht zwar die Notwendigkeit, die Versorgungslage in Kärnten zu verbessern, ist sich jedoch nicht sicher, ob dies durch den Bau eines Kinderhospizes oder eher die dezentrale Versorgung der Betroffenen mit dementsprechenden Hilfsdiensten und mobilen Diensten geschehen sollte (vgl. IE).

Folgend eine Auflistung des Änderungsbedarfes in Kärnten:

• *Aufbau von Netzwerken und interdisziplinäre Zusammenarbeit*

Die wichtigste Herausforderung an die Situation in Kärnten ist laut Interviewpartner E, Netzwerke aufzubauen, zusammenzuarbeiten und diese Netzwerke zu pflegen. Politisch sieht Herr Kaiser die Herausforderung darin, die einzelnen Institutionen in Verbindung zueinander zu bringen und Strukturen flexibel aufeinander abzustimmen. Voraussetzung hierfür sind eine gute Ausbildung und breite Facetten von Möglichkeiten (vgl. IE). Netzwerke müssen gepflegt und weiterentwickelt werden und sich immer wieder auf neue Situationen und Krankheitsbilder einstellen. Interviewpartner E sieht in Absprache mit anderen Expertinnen den derzeit effektivsten Weg in dieser engen Vernetzung, ein Kinderhospiz als Ergebnis der Bemühungen ist hierbei nicht ausgeschlossen (vgl. IE).

- *Ausbau der Vorortversorgung*

Diesen Bedarf spricht vor allem Interviewpartnerin G an und bringt Praxisbeispiele, wie das Betroffene teilweise zweistündige Autofahrten in Kauf nehmen, nur um sich einen Vortrag von ihr anhören zu können (vgl. IG).

- *Ausbau des Modells »Urlaub vom Pflegen«*

Laut Interviewpartnerinnen E und G ist es notwendig, die Möglichkeit des Urlaubes vom Pflegen auszubauen (vgl. IE und IG).

- *Bereitstellen einer guten finanziellen Basis und Abbau finanzieller Barrieren*

Eine weitere Voraussetzung für adäquate Hilfsangebote ist, dass man den Vereinen und Institutionen eine entsprechende finanzielle Basis zur Verfügung stellt (vgl. IE). Den Abbau von Zugangsbarrieren hinsichtlich finanzieller Kosten sehen Interviewpartnerin F und G als wesentlich an (vgl. IF und IG).

- *Betreuung zu Hause ermöglichen*

Hinsichtlich der Betreuungsangebote gibt Interviewpartnerin B zu bedenken, dass Angebote für Geschwisterkinder, beispielsweise im Krankenhaussetting, nicht zielführend sind, da diese von den Eltern oft abgelehnt werden und sie sich eher Betreuung zu Hause wünschen (IB).

- *Deckung des Kurzzeitpflegebedarfes*

Der Kurzzeitpflegebedarf ist laut Ansprechpartnerin C in Kärnten sehr groß. Dennoch gibt es in Kärnten nur den Marienhof in Maria Saal mit solchen Kurzzeitpflegeplätzen. Dort werden zwar in den nächsten drei bis fünf Jahren noch einmal drei bis fünf Plätze hinzugebaut, aber hinsichtlich der großen Nachfrage ist dies viel zu wenig. Viele Kinder werden im Krankenhaus untergebracht, was laut Interviewpartnerin C jedoch viel zu hohe Kosten verursacht, und überdies wird das Kind im Krankenhaussetting mit vielen gefährlichen Keimen konfrontiert, was wiederum belastende Antibiotikabehandlungen erforderlich macht. Deshalb sieht sie diese derzeitige Handhabung als nicht zielführend an (vgl. IC).

- *Hilfe für Geschwisterkinder*

Interviewpartnerin C verweist besonders auf die prekäre Situation der Geschwisterkinder und die Notwendigkeit spezieller Hilfeleistungen für sie (vgl. IC). Hinsichtlich der Verbesserung der Betreuungssituation strebt MOKI Kärnten eine Zusammenarbeit mit den ehrenamtlichen Hospizmitgliedern an. Diese könnten laut Interviewpartnerin C die Hausaufgabenbetreuung übernehmen oder Sportaktivitäten mit den Kindern durchführen (vgl. IC). Auch Interviewpartner/in E und F sehen klare Mängel in der Betreuungssituation für Geschwister (vgl. IE und IF).

- *Information für Betroffene*

»Ich sag immer, wenn das so wäre, dann hätten wir sicher schon mehr unter Umständen wirklich einen Folder oder irgendetwas gekriegt, wo man sagt, da kann man die Eltern hinweisen oder das wär' eventuell ideal...« (IB)

Hinsichtlich der Information bringt Interviewpartnerin B zum Ausdruck, dass die Station der Kinderonkologie über zu wenig Informationsmaterial, zum

Beispiel Folder, verfügt, um die Eltern an relevante Stellen verweisen zu können (IB).

- *Personelle Aufstockung*

Interviewpartnerin C beklagt vor allem einen personellen Ressourcenmangel, da Kärnten über sehr wenige Kinderkrankenschwestern verfüge. Sie weist auf die mangelhafte Ausbildungsfrequenz hin. Es findet nur alle zwei oder drei Jahre ein Ausbildungslehrgang statt, wobei häufig nur eine sehr geringe Teilnehmeranzahl zustande kommt und nicht alle Teilnehmerinnen nach dem Lehrgang aufgrund von Karenz oder Auslandsaufenthalten als Kinderkrankenschwester arbeiten. Die mobilen Palliativteams verfügen über keine Pädiaterin. Hierin besteht für Interviewpartnerin C ein weiterer dringender Änderungsbedarf. Es sollte in Kärnten zumindest eine oder zwei Pädiaterinnen geben, die in Kooperation mit den Palliativteams sowie Kinderpsychologinnen und -psychiaterinnen aktiv sein sollten (IC).

- *Stärkung des Präventivfaktors*

Interviewpartnerin F ist von der Annahme geleitet, dass der präventive Faktor in diesem Bereich noch sehr übersehen und es nicht anerkannt wird, wie viel Leid und Schwierigkeiten den Betroffenen erspart werden könnte, wenn es beispielsweise Standard wäre, dass eine Familie, die mit einem schwerkranken Kind ins LKH kommt, dort sofort auf Angebote und relevante Hilfestellungen hingewiesen wird (vgl. IF).

- *Verhinderung von langen Wartezeiten*

Ein signifikantes Problem ist laut Interviewpartnerin F, dass Eltern, die sich in einer Akutsituation befinden und sich aktiv Hilfen holen wollen, mit langen Wartezeiten konfrontiert werden. Sie spricht die Problematik an, dass Hilfesuchende, die sich bei einer Institution melden und nicht sofortige Hilfe erfahren, sich vermutlich nie wieder melden werden. Dabei werden vor allem die institutionellen Rahmenbedingungen in Bezug auf die sowohl zeitlichen als auch personellen Ressourcen kritisiert (vgl. IF).

- *Vermehrte Öffentlichkeitsarbeit und Abbau von gesellschaftlichen Barrieren*

Die Interviewpartnerinnen F und G sprechen von der Notwendigkeit vermehrter Öffentlichkeitsarbeit (vgl. IF und IG). Besonderes Augenmerk muss laut den Expertinnen auch auf den Abbau von gesellschaftlichen Barrieren, wie der Scham davor, Hilfe zu suchen, gelegt werden (vgl. IF). Interviewpartnerin G sieht bezüglich der Öffentlichkeitsarbeit den Einsatz von öffentlichen Mitteln als zwingend notwendig an (vgl. IG). Sie ist der Meinung, dass die Öffentlichkeitsarbeit gefördert werden muss, da das größte Problem derzeit das »Nicht-Sprechen« und »Nicht-sprechen-Dürfen« über diese Problematik sei (vgl. IG).

Zwischenfazit

Alle Interviewpartnerinnen sehen einen Änderungsbedarf und klare Mängel in der derzeitigen Versorgungssituation für schwerstkranke sterbende Kinder und deren Primärangehörige in Kärnten. Die Interviewpartnerinnen verorten die Mängel jedoch in verschiedenen Bereichen: Einerseits werden sie teilweise in der mangelnden finanziellen Absicherung der Hilfsangebote und nur bruchstückhaften Öffentlichkeitsarbeitet vermutet, andererseits in der direkten Versorgungsqualität (keine direkte Hilfe bzw. lange Wartezeiten oder mangelnde Information) des betroffenen Personenkreises. Sehr viele Probleme der Bedarfsdeckung werden von den Interviewpartnerinnen in den vorhandenen strukturellen Rahmenbedingungen gesehen. So wird beispielsweise deutlich, dass die geforderte Umsetzung einer Betreuung zu Hause derzeit unter anderem durch die mangelnde Ausbildungsfrequenz beziehungsweise zahlenmäßige Unterbesetzung von Kinderkrankenschwestern verhindert wird. Andere Forderungen der Interviewpartnerinnen, wie Deckung des Kurzeitpflegebedarfes, Ausbau des Modells >Urlaub vom Pflegen< und der Vorortversorgung, weisen darauf hin, dass es akute Probleme in der derzeitigen Bedarfsdeckung gibt. Weiters weisen drei der Interviewpartnerinnen auf teils große Mängel in der Versorgung und Betreuung von Geschwistern hin. Dass Punkte wie der Aufbau und die Stärkung von Netzwerken und der Ausbau der interdisziplinären Zusammenarbeit als Änderungsbedarf genannt werden, könnte erste Erklärungen liefern, warum den Interviewpartnerinnen die Angebote und Institutionen untereinander scheinbar nicht bekannt sind (siehe Punkt 6.1.3). Bei der Auswertung ist auffallend, dass keine Homogenität hinsichtlich der Antworten besteht, sich jedoch eine Fülle an Änderungsanforderungen und auch Implikationen an die Profession Sozialer Arbeit ergibt, auf welche ich später noch näher eingehen werde.

6.2 Kinderhospiz

Dieses Forschungskapitel dient der Abklärung, inwieweit sich die Auffassungen der Expertinnen hinsichtlich Definition und Aufgabenzuschreibung eines Kinderhospizes unterscheiden, und ob der Bau eines solchen in Kärnten als notwendig angesehen wird.

6.2.1 Definition des Hospizgedankens und erforderlicher Berufsgruppen

Eine Antwort auf diese Frage konnte nur bei vier Interviewpartnerinnen erhoben werden. Dies hängt damit zusammen, dass die anderen Interviewpartnerinnen keine Definition oder Beschreibung ihrer Vorstellung eines Kinderhospizes vornahmen oder sich die Frage innerhalb der Interview- und Gesprächssituation als unpassend herauskristallisierte.

Hinsichtlich der gegebenen Antworten kann Folgendes zusammengefasst werden:

Eine der Interviewpartnerinnen sieht zunächst keinen strikten Unterschied zwischen einem Erwachsenenhospiz und einem solchen für Kinder, weist im weiteren Verlauf jedoch auf Besonderheiten in der konzeptionellen Ausrichtung und Betreuung der Kinder hin. Sie sieht diese Besonderheit darin, dass im Hospizwesen bezugnehmend auf Kinder vermehrte Beachtung auf die Diskrepanz zwischen den Wünschen der Eltern und Kinder gelegt werden muss (vgl. IA). Interviewpartnerin B verweist darauf, dass innerhalb eines Kinderhospizes eine stärkere Einbeziehung des gesamten Familiensystems stattfinden muss (vgl. IB). Hinsichtlich der konzeptionellen Ausrichtung befragt, sieht sie das Idealkonzept eines Kinderhospizes in einer Art Tagesstätte verwirklicht. Das betroffene Kind sollte entweder stundenweise oder über einen längeren Zeitraum betreut werden können, um so eine Entlastung der

Eltern herbeizuführen. Ebenfalls sollte eine Begleitung während der letzten Stunden möglich sein (vgl. IB). Interviewpartnerin F folgend, besteht die zusätzliche Anforderung an ein Kinderhospiz, gegenüber jenem für Erwachsene, in einer noch fundierteren Ausbildung der dort Tätigen (vgl. IF). Die konzeptionelle Ausgestaltung eines Kinderhospizes sollte durch Unterstützung und Coaching der Eltern vor allem das intime Eltern-Kind-Verhältnis unterstützen und bewahren (vgl. IF). Entgegen der Sichtweise von Interviewpartnerin A ist für Interviewpartnerin C eine strikte Trennung des Kinderhospizbereiches vom Erwachsenenbereich notwendig. Sie macht darauf aufmerksam, dass die Palliativphase bei Kindern schon allein hinsichtlich der zeitlichen Ausdehnung nicht mit jener bei Erwachsenen vergleichbar ist (vgl. IC).

Erforderliche Berufsgruppen im Hospiz

Interviewpartnerin A unterstreicht, dass eine Betreuung sehr stark an den Bedürfnissen des betroffenen Kindes und seinem System orientiert sein muss und sich dies auch auf die Berufsgruppen erstreckt. Es sollte ihr zufolge jedoch zumindest eine konstante Ansprechperson für das Kind und die Familie geben, welche die Vernetzung mit anderen Berufsgruppen übernimmt (vgl. IA). Als erforderliche Berufsgruppen in einem Hospiz sieht Interviewpartnerin B neben medizinischen und pflegerischen Professionen auch Sozialarbeiterinnen, Psychotherapeutinnen und Ergotherapeutinnen an (vgl. IB). Interviewpartnerin C und D schließen sich dieser Berufsgruppenaufzählung weitestgehend an, wobei Interviewpartnerin C dies noch um die Berufsgruppe der Behindertenpädagoginnen erweitert (vgl. IC und ID). Interviewpartner E hebt hierbei seine auf das Individuum bezogene Sicht von Interdisziplinarität hervor. Es geht laut ihm darum, dem professionell beteiligten Individuum Zugänglichkeiten zu verschiedenen Bereichen, sowohl emotionaler aber auch kognitiver Art und Weise, zu ermöglichen. Hinsichtlich der Professionen sieht er ein Zusammenspiel zwischen Psychologinnen, Psychotherapeutinnen, aber auch Physiotherapeutinnen und Philosophinnen als zielführend an (vgl. IE). Vertretende Professionen im Kinderhospiz sollten Interviewpartnerin F folgend vor allem psychologische und sozialpädagogische Betreuerinnen, aber auch Therapeutinnen mit spezifischen Schwerpunkten sein (vgl. IF). Auch Interviewpartnerin E legt großen Wert auf ein multiprofessionelles Team aus

Frühförderinnen, Kindergärtnerinnen, Pädagoginnen, Psychologinnen und sämtlichen Therapeutinnen (von Psychotherapeutinnen bis hin zu Reittherapeutinnen), Sozialarbeiterinnen, aber auch Seelsorgerinnen (vgl. IG).

Zwischenfazit

Im ersten Teil dieser Frage wird deutlich, wie schwierig es einerseits ist, überhaupt klare Anforderungen an eine Konzeption eines Kinderhospizes herauszukristallisieren, und andererseits, welche differenzierte und breite Palette von Anforderungen an ein solches Konzept gestellt wird. An der Frage, ob Erwachsenenbereich und Kinderbereich grundsätzlich zu trennen sind, kann man die unterschiedlichen Einstellungen der Interviewpartnerinnen sehen. Es lässt sich jedoch die Tendenz einer klaren Unterscheidung erkennen. Bezüglich der erforderlichen Berufsgruppen wird deutlich, dass alle Interviewpartnerinnen eine multiprofessionelle und interdisziplinäre Zusammenarbeit als zielführend ansehen.

6.2.2 Erörterung der Bedarfsfrage eines Kinderhospizes

Hinsichtlich dieser Frage kristallisieren sich drei unterschiedliche Positionen heraus. Zwei der Interviewpartnerinnen sehen ein Kinderhospiz als nicht notwendig und als keine Verbesserung der Versorgungslage an (vgl. IA und ID). Ein Interviewpartner positioniert sich hinsichtlich seiner Kompetenz als nicht entscheidungsfähig (vgl. IF). Vier der Interviewpartnerinnen sehen ein Kinderhospiz als eine gute Variante an, um die Versorgungsqualität und generelle Bedarfsdeckung in Kärnten zu steigern (vgl. IB, IC, IF und IG).

Die Ablehnung eines Kinderhospizes entspringt bei Interviewpartnerin A aus der Sicht, dass das Kinderhospiz eine Auslagerung des Kindes und Schaffung eines »dritten zu Hauses« bedeute (vgl. IA). Dem schließt sich Interviewpartnerin D an. Sie bezweifelt, dass Betroffene ein Kinderhospiz überhaupt wünschen, und geht davon aus, dass eher ein Bedarf nach einer besseren Betreuung zu Hause besteht. Sie glaubt, dass eine Umsetzung des Kinderhospizes aufgrund der finanziellen Lage des Landes ohnehin nicht möglich ist (vgl. ID). Interviewpartnerin B sieht den Bedarf hingegen klar gegeben und verweist darauf, dass beispielsweise auch in Deutschland sehr viele Kinderhospize bestehen und es sehr gute Erfahrungen damit gibt (vgl. IB). Interviewpartnerin C ist die Initiatorin zum Bau eines Kinderhospizes und erachtet demnach die Umsetzung natürlich als notwendig. Das Kinderhospiz soll österreichweit das erste stationäre sein und bundesländerübergreifend angeboten werden (vgl. IC). Interviewpartnerin F erachtet die Initiative mit dem Verweis, dass das Ganze insbesondere als Coaching ausgestaltet werden sollte, als eine gute Idee (vgl. IF). Interviewpartnerin G sieht im Kinderhospiz generell eine wichtige und notwendige Initiative, um die Versorgungssituation zu verbessern. Sie gibt jedoch zu bedenken, dass ein Hospiz nicht die Vorortarbeit in Bezirkshauptmannschaften und Referaten für Jugend und Familie ersetzen kann (vgl. IG).

Zwischenfazit

Hier zeigen sich wieder erstaunliche Unterschiede in der Einschätzung der Expertinnen. Es werden stark unterschiedliche Aufgabenzuschreibungen an ein Kinderhospiz ersichtlich, und auch die Einschätzung hinsichtlich Notwendigkeit einer solchen Einrichtung ist sehr gespalten. Die in Punkt 6.1.4 angesprochene Notwendigkeit von vermehrter Netzwerkarbeit und gegenseitiger Abstimmung wird auch hier deutlich.

6.3 Gesellschaft

Folgend werden die verschiedenen gesellschaftlichen Haltungen und Verhaltensweisen gegenüber Sterben, Tod und Trauer, wie sie von den befragten Expertinnen erlebt werden, sowie verschiedene Reaktionen auf ihre berufliche Tätigkeit dargestellt.

6.3.1 Haltungen, Verhaltensweisen und Entwicklungstendenzen

- *Anteilnahme*

Eine große Anteilnahme ist für Interviewpartnerin G allgegenwärtig und beispielweise auf Benefizveranstaltungen für die Kinderkrebshilfe stark spürbar (vgl. IG).

- *Enttabuisierung*

Interviewpartner E beschreibt ein für ihn spürbares Aufbrechen des Tabus um Sterben, Tod und Trauer und geht davon aus, dass dadurch auch mehr Verständnis für die Notwendigkeit von Institutionen und Vereinen, die sich mit dieser Thematik beschäftigen, entstehen wird (vgl. IE). Auch die Interviewpartnerinnen A und B sprechen diese Tendenz an (vgl. IA und IB). Die Ansprechpartnerin der Kinderonkologie sieht die Enttabuisierung vor allem durch die vermehrte Bildung von Selbsthilfegruppen und die damit verbundene Öffentlichkeitsarbeit und Bewusstmachung dieser Thematik gefördert (vgl. IB).

- *Erwartungshaltung und gesellschaftliche Stigmatisierung*

»Und das ist schon ein ganz großer Bestandteil meiner Arbeit, ihnen das zu nehmen und ihnen irgendwie auch klarzumachen, dass sie diejenigen sind, die durch diese schwierige Zeit müssen, und nicht der Nachbar oder wer auch immer.« (IF)

Interviewpartnerinnen A und F beschreiben vor allem die Erwartungshaltung der Gesellschaft, dass trauernde Eltern schon nach relativ kurzer Zeit wieder »normal« funktionieren und an der Gesellschaft teilhaben müssen in ihrer persönlichen Arbeit als erschwerend, besonders stigmatisierend sowie belastend für die Betroffenen (vgl. IA und IF).

- *Suche nach Ritualen*

Als Entwicklungstendenz zeichnet sich für Interviewpartnerin A die wiedererwachte Suche nach Ritualen ab (vgl. IA).

- *Verdrängung und Abwehr*

»Es sterben ja die Anderen!« (vgl. IA)

Interviewpartnerinnen A, B, C, D, F und G beschreiben eine klare Verdrängungs- und Abwehrhaltung der Gesellschaft in Bezug auf die Thematik sterbender Kinder und ihrer Angehörigen (vgl. IA, IB, IC, ID, IF und IG). Interviewpartnerin B weist darauf hin, dass diese Verdrängung auch innerhalb der in diesem Arbeitsfeld professionell Tätigen Präsenz zeigt (vgl. IB). Die Vorsitzende der Kärntner Kinderkrebshilfe präzisiert diese Verdrängungshaltung dahingehend, dass ihrer Meinung nach der Tod ganz einfach durch »nicht zur Sprache bringen« zum Tabu stilisiert wird (vgl. ID). Interviewpartnerin F beschreibt den Tod von Kindern als absolutes Tabuthema unserer derzeitigen Gesellschaft. Begegnungen mit Betroffenen wird ihr zufolge stark aus dem Weg gegangen und die Trauer verdrängt beziehungsweise nur kollektiv gelebt[26]. Daraus resultieren weitere Belastungen für Betroffene (vgl. IF).

Zwischenfazit

Aus der Auswertung der Interviews geht klar hervor, dass die einzelnen Ansprechpartnerinnen eine Veränderung des gesellschaftlichen Umgangs in Richtung von vermehrter Offenheit sowie Ansätze eines Aufbruchs des Tabus bemerken. Andererseits begegnen sie in ihrer alltäglichen Arbeit jedoch noch immer einer von Abwehr und Verdrängung geprägten gesellschaftlichen Haltung. Es wird von sehr viel Anteilnahme für die Betroffenen berichtet, jedoch ebenso davon, dass der Großteil der Menschen sich schwer tut, diese Anteilnahme direkt den Betroffenen gegenüber zu zeigen und es große Berührungsängste und Befürchtungen, etwas Falsches zu machen, gibt. Ein signifikanter Punkt scheint auch die gesellschaftliche Erwartungshaltung zu sein, welche sich auf die Gesellschaft als Ganzes, die Betroffenen im Speziellen, aber auch auf die Arbeit der Professionellen auswirkt. Auch hier werden mit den Stigmatisierungsprozessen oder auch der indirekten Forderung von vermehrter Öffentlichkeitsarbeit wieder klare Implikationen für die Profession der Sozialen Arbeit ersichtlich.

6.3.2 Reaktionen auf Arbeitsschilderungen

»Um Gottes willen, wie kannst du denn dort arbeiten?« (IB)

Familie

Interviewpartnerin A erkennt reflektierend, dass ihre Arbeit erst in den letzten drei Jahren Akzeptanz von Seiten ihrer Familie erfährt, obwohl sie schon seit mehr als 10 Jahren in diesem Bereich tätig ist (vgl. IA). Interviewpartne-

---

[26] Verweis auf die kollektive Trauer nach dem Tod von Landeshauptmann Dr. Jörg Haider (2008).

rin B gibt an, dass sie die Reaktionen, wie das »Nicht-hören-Wollen« ihrer Familie und Freunde teils als belastend empfindet (vgl. IB). Interviewpartnerin F spricht im privaten Umfeld gar nicht über ihre Arbeit und beruflichen Belange (vgl. IF).

Freunde

Hinsichtlich ihres Freundeskreises ist für die Leiterin der Hospizbewegung auffallend, dass diese in der Gruppe keinerlei Interesse an der Thematik zeigen, in Einzelgesprächen jedoch äußerst interessiert erscheinen (vgl. IA).

Öffentlichkeit

Angesprochen auf die Reaktionen der Öffentlichkeit, gibt die erste Interviewpartnerin an, gar nicht mehr auf diese zu achten (vgl. IA). Interviewpartnerin B spricht davon, dass sie aufgrund der Reaktionen nicht einmal mehr ihren exakten Beruf preisgibt (vgl. IB). Die Interviewpartnerinnen C und D beschreiben, dass für sie zwar eine große öffentliche Wertschätzung ihrer beruflichen Tätigkeit spürbar ist, ihnen jedoch auch Unverständnis, wie sie sich mit »so etwas« beruflich befassen können, entgegenschlägt (vgl. IC und ID). Interviewpartnerin F nimmt wahr, dass beruflich nicht in diese Thematik involvierte Personen dazu tendieren, starke Betroffenheit zu entwickeln und sich von den Geschichten vereinnahmen zu lassen (vgl. IF). Interviewpartnerin G gibt zu bedenken, dass viele Menschen hinsichtlich ihres Vereins mit dem Begriff der verwaisten Eltern gar nichts anzufangen wissen (vgl. IG).

Die Interviewpartnerinnen wurden im Zuge der Interviews auch gefragt, ob sie glauben, dass ihre Arbeit von der Kärntner Bevölkerung als notwendig angesehen wird. Vier der Interviewpartnerinnen gaben diesbezüglich an, dass sie überzeugt sind, dass dies der Fall ist (vgl. IA, IB, IC und ID). Interviewpartnerin G sah sich nicht in der Lage, dies einzuschätzen (vgl. IG), und Interviewpartnerin F glaubt, dass ihre Arbeit als nicht notwendig eingeschätzt wird (vgl. IF).

Zwischenfazit

Als Resümee kann man schließen, dass professionell in diesem Feld Tätige einerseits zwar sehr viel Bewunderung für ihre Arbeit erhalten, es andererseits aber scheinbar wiederum aufgrund von Abwehr- und Verdrängungstendenzen schwer ist, tatsächliche Anerkennung für diese Arbeit zu bekommen. Zumindest die gesellschaftliche Einschätzung der Notwendigkeit von professioneller Begleitung und Unterstützung für Betroffene wird von dem Großteil der Interviewpartnerinnen als gegeben eingeschätzt.

6.4 Soziale Arbeit

Im Forschungsteil bezüglich der Rolle der Profession Sozialer Arbeit im Handlungsfeld sterbender Kinder und ihrer Angehörigen soll zunächst erörtert werden, welches Begriffsverständnis von Sozialer Arbeit bei den Expertinnen vorliegt, um darauffolgend auf die Aufgabenzuschreibung und die Netzwerkarbeit mit Sozialarbeiterinnen einzugehen. Abschließend wird auf den von den Interviewpartnerinnen feststellbaren Ausbau- und Änderungsbedarf Bezug genommen.

6.4.1 Begriffsverständnis der Sozialen Arbeit

Soziale Arbeit versucht laut Interviewpartnerin B, den Menschen unterschiedlichster Schichten in jeglicher Hinsicht zu helfen (vgl. IB). Interviewpartnerin C sieht die Rolle und Aufgaben einer Sozialarbeiterin stark im Case-Management verankert (vgl. IC). Interviewpartnerin D gibt lediglich zu bedenken, dass sie die Soziale Arbeit als sehr wichtig empfindet (vgl. ID). Soziale Arbeit impliziert für Interviewpartner E Fähigkeiten kognitiver Art, wissenschaftliche Ausbildung, aber darüber hinaus noch eine ganze Reihe von anderen (nicht näher benannten) Befähigungen, welche man benötigt, um adäquat agieren und helfen zu können (vgl. IE). Eine Sozialarbeiterin definiert sich laut Interviewpartnerin F dadurch, dass sie Menschen in schwierigen Situationen zur Seite steht, informiert und begleitet (vgl. IF). Für Interviewpartnerin G stellt die Profession der Sozialen Arbeit einen sehr grob definierten Bereich dar. Soziale Arbeit ist für die Gesundheitspsychologin in allererster Linie Arbeit im System, mit einem hohen Anspruch an Netzwerkorientierung und Vernetzung (vgl. IG).

6.4.2 Aufgabenzuschreibung und Netzwerkarbeit

- *Schaffung von und arbeiten in Netzwerken*

Interviewpartner E sieht die betreuende Sozialarbeiterin als einen Teil des Gesamtsystems der betroffenen Familie an. Laut ihm ist es für die Soziale Arbeit eine Herausforderung, Netzwerke zu schaffen und diese selbst als dynamisches, fließendes an die jeweilige Situation Anzupassendes zu begreifen (vgl. IE).

- *Unterstützung in der Bewältigung von bürokratischen Anforderungen*

Die Interviewpartnerinnen A und B sehen die Aufgaben der Sozialen Arbeit vor allem in der Hilfestellung bei der Bewältigung von bürokratischen Anforderungen beispielsweise bei Antragstellungen verankert (vgl. IA und IB). Diese Aspekte kommen auch im Falle des Entlassungsmanagements im Setting des Krankenhauses zum Tragen (vgl. IB).

- *Vermittlung und Organisation von Ressourcen*

Eine weitere Aufgabe der Sozialen Arbeit sehen die Interviewpartnerinnen A und B in der Organisation von finanziellen und materiellen Ressourcen gegeben. Des Weiteren sind Sozialarbeiterinnen beispielsweise für die Sicherstellung adäquater Betreuung zu Hause mitverantwortlich (vgl. IA und IB). Interviewpartnerin F geht davon aus, dass Sozialarbeiterinnen in diesem Handlungsfeld vielfach Vermittlungsarbeit von Ressourcen leisten sollten (vgl. IF).

- *Verweisungskompetenz*

Als wesentliche Aufgabe der Sozialen Arbeit sieht Interviewpartnerin A an, betroffene Personen an relevante Hilfsangebote und Institutionen zu verweisen (vgl. IA).

Netzwerkarbeit

Interviewpartnerin A gibt an, ständig in Kontakt mit Sozialarbeiterinnen zu stehen und Klientinnen auch an Sozialarbeiterinnen weiterzuvermitteln (vgl.

IA). Die kinderonkologische Station steht nur selten in Kontakt mit Sozialar-beiterinnen, wenn dies jedoch der Fall ist, hat die Interviewpartnerin B das Gefühl, dass die Netzwerkarbeit gut funktioniert und die Profession ihre Auf-gaben auch erfüllt (vgl. IB). MOKI betreibt zwar Netzwerkarbeit mit Sozialar-beiterinnen, die Profession spielt nach Einschätzung der Interviewpartnerin in der Versorgung schwerstkranker sterbender Kinder und ihrer Angehörigen aber eher eine untergeordnete Rolle (vgl. IC). Die Vorsitzende der Kinder-krebshilfe sieht es für die Bewältigung ihrer Aufgaben als nicht notwendig an, mit Sozialarbeiterinnen in Netzwerken zu arbeiten (vgl. ID). Die Trauerbe-gleiterin steht hauptsächlich über die Palliativstation Klagenfurt und die je-weiligen Referate für Jugend und Familie immer wieder in Netzwerkarbeit mit Sozialarbeiterinnen (vgl. IF). Interviewpartnerin G gibt an, in Netzwerk-arbeit mit Sozialarbeiterinnen zu stehen, und fasst besonders die Sozialarbei-terinnen an den Referaten für Jugend und Familie als gute Multiplikatoren ihrer Arbeit auf (vgl. IG).

6.4.3 Ausbau- und Änderungsbedarf

- *Änderung der belastenden Arbeitsbedingungen, beziehungsweise Auf-stockung personeller Ressourcen*

Interviewpartnerin B bemerkt in ihrer Arbeit eine starke Überforderung der Profession der Sozialen Arbeit mit dem Arbeitsaufwand hinsichtlich der Be-gleitung und Betreuung von sterbenden Kindern und ihrer Primärangehöri-ger. Sie sieht diese Überforderung vor allem in den mangelnden personellen Ressourcen verankert. So müsste sich ihr zufolge auch in den politischen und finanziellen Rahmenbedingungen etwas ändern, um die Profession hand-lungsfähig zu machen (vgl. IB).

- *Bessere Ausbildung*

Als dringend zu beachten gibt Interviewpartnerin C zu bedenken, dass Sozial-arbeiterinnen ihrer Auffassung nach noch nicht die notwendige fachliche Ausbildung erhalten, um in diesem Bereich ihrem eigentlichen Auftrag adä-quat nachgehen zu können (vgl. IC).

- *Betreuung der Geschwisterkinder*

Als derzeit unzureichend und ausbaufähig kann auch die Beteiligung der Sozialen Arbeit bei der Versorgung von Geschwistern angesehen werden. Die Profession könnte hierbei in der Organisation von Betreuungs- und Förderungsmöglichkeiten ebenso hilfreich sein, wie bei der Unterstützung der Kinder bei der Nutzung ihres Sozialen Netzwerkes (vgl. IC).

- *Bewusstwerdung eigener Ressourcen und Grenzen*

Nach Interviewpartnerin F ist es eine Grundvoraussetzung für die Soziale Arbeit, sich ihrer eigenen Ressourcen, wie auch ihrer Grenzen, bewusst zu werden (vgl. IF).

- *Mehr Beteiligung und Engagement Sozialer Arbeit*

Interviewpartnerin B wünscht sich einen höheren Einbezug der Profession Sozialer Arbeit. Sie gibt an, selbst oft in ihren pflegerischen Kompetenzen an ihre Grenzen zu stoßen und sich Entlastung durch eine andere Profession, wie jene der Sozialen Arbeit, zu wünschen. Sie bringt auch das Anliegen zum Ausdruck, das Sozialarbeiterinnen mehr Engagement zeigen sollten, die vorhandenen Ressourcen auch tatsächlich zu nutzen (vgl. IB). Auch Interviewpartnerin F gibt diesbezüglich an, dass die Zahl der in diesem Handlungsfeld tätigen Sozialarbeiterinnen sehr eingeschränkt ist und sie sich eine höhere Beteiligung und die Übernahme von mehr Aufgaben vorstellen könnte (vgl. IF).

- *Öffentlichkeits- und Informationsarbeit*

Im ersten Interview wird zur Sprache gebracht, dass viele Betroffene gar nicht über die Kompetenzen und die Hilfsmöglichkeiten der Profession der Sozialen Arbeit Bescheid wissen. Dies hat zur Folge, dass sich viele Klienten mit diesen Problemen gar nicht an Sozialarbeiterinnen wenden, da sie sie nicht als die geeignete Anlaufstelle empfinden. So ist es für Interviewpartnerin A zunächst erforderlich, dass die Profession der Sozialen Arbeit die Information, dass sie sich als zuständige Profession begreift, auch an ihre Klienten und die Öffentlichkeit weitergibt. Dringenden Änderungsbedarf hinsichtlich der

Beteiligung der Sozialen Arbeit sieht auch die Leiterin der Hospizbewegung. Laut ihr sollte vermehrte Öffentlichkeitsarbeit und damit einhergehende Information der Gesellschaft stattfinden (vgl. IA). Dieser Forderung schließt sich auch die Trauerbegleiterin des Vereins Rainbows an (vgl. IF).

- *Aufbau und Erweiterung von Netzwerken*

Die Netzwerke der Sozialarbeiterinnen müssen in Bezug auf diese Thematik laut Interviewpartnerin F klar erweitert und ausgebaut werden (vgl. IF).

6.5 Implikationen für die Profession Sozialer Arbeit

In diesem abschließenden Kapitel der empirischen Datenauswertung werden die verschiedenen Forderungen und möglichen Implikationen für die Profession Sozialer Arbeit bezugnehmend auf die Aussagen der Interviewpartnerinnen erörtert.

Es stellt sich hier zunächst die Frage, ob sterbende Kinder und ihre Primärangehörigen überhaupt eine relevante Zielgruppe und ein Handlungsfeld für Sozialarbeiterinnen darstellen.

In Bezug auf die Auswertung der Interviews wird klar, dass professionell in diesem Handlungsfeld Tätige die Soziale Arbeit sehr wohl als wichtige Berufsgruppe innerhalb des Handlungsfeldes begreifen. So geben vier der Interviewpartnerinnen in Punkt 6.2.1 an, Sozialarbeiterinnen als wichtige Berufsgruppe in Kinderhospizen zu begreifen. Anderseits ist es jedoch bezeichnend, dass in keinem der hier dargestellten Vereine, Institutionen oder Plattformen Sozialarbeiterinnen angestellt sind. Die Vernetzung und die Netzwerkarbeit mit Sozialarbeiterinnen nimmt in Kärnten scheinbar jedoch eine wichtige Stellung ein. Dies zeichnet sich darin ab, dass fünf der sechs Interviewpartnerinnen in Netzwerkarbeit mit Sozialarbeiterinnen stehen und diese als wichtig begreifen.

Sterbende Kinder und deren trauernde Primärangehörige stellen zwar keine klassische Randgruppe dar (vgl. Student u.a., 2007, S. 10). Stigmatisierungsprozesse, an Betroffene gerichtete, nicht erfüllbare Erwartungen und damit einhergehende Drängung ins gesellschaftliche Abseits sowie gesellschaftliche

Barrieren, wie sie in der Interviewauswertung in Punkt 6.1.4 und 6.4.1 dargestellt werden, machen sterbende Kinder und ihre Angehörige jedoch klar zu
einer Zielgruppe Sozialer Arbeit (vgl. Student u.a., 2007, S. 10).

Sozialarbeitsrelevant sind überdies viele weitere Aspekte, die eine solche Familie betreffen, wie beispielsweise die seelischen Belastungen einer Grenzsituation, die existenzielle (Sinn-)Krise, die Verlusterfahrungen, das Zerbrechen vermeintlicher Sicherheiten sowie das gesellschaftliche Tabu (vgl. Student u. a., 2007, S. 21).

Die Zuständigkeit Sozialer Arbeit als Profession lässt sich auch aus den Aussagen zweier Interviewpartnerinnen ableiten. So ist Soziale Arbeit nach Definition von Interviewpartnerin B dafür zuständig, Menschen unterschiedlichster Schichten in jeglicher Hinsicht zu helfen (vgl. IB). Dies ist zwar sehr grob
definiert, umfasst demnach aber auch die Problemstellungen sterbender Kinder und ihrer Angehörigen. Ähnlich verhält es sich mit der Begriffsbestim-
mung nach Interviewpartnerin G, wonach sich Soziale Arbeit dadurch aus-
zeichnet, dass sie Menschen in schwierigen Situationen zur Seite steht, informiert und begleitet (vgl. IF), was sterbende Kinder und ihre Angehörigen
zweifellos zu Adressaten Sozialer Arbeit macht.

Aus den Interviews lässt sich ganz klar ableiten, dass die Unterstützung bei
der Bewältigung von bürokratischen Anforderungen ebenso als Aufgabe der
Sozialen Arbeit gesehen wird wie die Vermittlung und Organisation von Ressourcen. Die Interviewpartnerinnen gehen davon aus, dass Sozialarbeiterinnen in diesem Handlungsfeld über ein Verweisungswissen verfügen und Klienten im Bedarfsfall entsprechende Hilfestellen und Institutionen nennen
können. Die Schaffung von Netzwerken für diese Klienten und die Fähigkeit
zum Arbeiten in diesen Netzwerken wird ebenfalls als gegeben angesehen
(vgl. 6.3.2).

Hinsichtlich des Rollenverständnis und der Aufgabenzuschreibung an die
Profession Sozialer Arbeit zeigt sich in der Interviewauswertung zunächst,
dass diese diffus und unklar ist. So können, wie im Punkt 6.3.1 ersichtlich,
generell nur fünf der Interviewpartnerinnen den Begriff der Sozialen Arbeit
grob definieren und geben gleichzeitig immer wieder zu bedenken, dass sie
Soziale Arbeit nicht differenziert beschreiben können (vgl. IB und IG). Auch
wenn Soziale Arbeit von den Interviewpartnerinnen als für dieses Handlungs-

feld zuständig begriffen wird, bleibt eine genaue Positionierung und Aufgabenzuschreibung aus.

Hieraus impliziert sich für die Soziale Arbeit die Forderung, sich dieses Themenfeld und alle Möglichkeiten und Beschränkungen für das Berufsfeld intern selbst bewusst zu machen und diese auch nach außen hin zu transferieren.

Die Positionierung Sozialer Arbeit in diesem Handlungsfeld erfordert eine dementsprechende theoretische und methodische Einbettung. Diese ist zwingend notwendig, um sich hinsichtlich der Zuständigkeiten und Aufgabenbereiche Klarheit zu verschaffen.

Mit Bezug auf Engelke (2004) stellen Student u.a. eine Vielzahl von Theorien dar, die sich für die Soziale Arbeit in diesem Themenfeld anbieten. Einige Theoretiker, die sich hierfür besonders eignen, sind Ilse von Arlt (»Grundbedürfnisse befriedigen«), Hans Thiersch (»gelingenderen Alltag ermöglichen«), Michael Winkler (»Subjektivität rekonstruieren«), Wolf Rainer Wendt (»ökosozial denken und handeln«) oder auch Silvia Staub-Bernasconi (»gerecht austauschen«). Exklusionsvermeidung/Inklusionsförderung als Grundfunktion (Bommes/Scherr 2000), Empowerment als Leitperspektive (Herriger) und Lebensbewältigung und Sozialintegration als biografische Aufgabe (Böhnisch) können als besonders bedeutende theoretisch fundierte Ansätze Sozialer Arbeit hinsichtlich dieser Thematik gesehen werden (vgl. Student u.a., 2007, S. 21f).

Besonders wichtig ist es, im Zuge dieser Arbeit die Änderungs- und Verbesserungsvorschläge der Interviewpartnerinnen für die Profession der Sozialen Arbeit detailliert zu schildern.

1. Die erste Forderung nach mehr Beteiligung und Engagement der Sozialen Arbeit innerhalb dieses Handlungsfeldes (siehe Punkt 6.3.3) wird durch die Aufgabenzuschreibung nach Hans Thiersch und Wolf Rainer Wendt, wonach Soziale Arbeit zu einem gelingenderen Alltag der Adressaten beitragen sollte, gestärkt. Denn zu einem gelingenderen Alltag gehört letztendlich auch ein gelingendes Sterben (vgl. Student u.a., 2007, S. 23). Demnach ist es zwingend notwendig, innerhalb der Sozialen Arbeit ein Handlungsfeld zu schaffen, welches sich mit der Thematik von Sterben, Tod und Trauer befasst. In diesem Handlungsfeld ist es not-

wendig, professionelle Sozialarbeiterinnen anzutreffen, welche über umfassende Kenntnisse dieser Thematik verfügen und auch bereit sind, Forderungen dieser marginalisierten Adressatengruppe in der Politik und Öffentlichkeit zu vertreten.

2. Auch die Forderung der Interviewpartnerinnen nach vermehrter und besserer Ressourcenvermittlung kann durch die Begrifflichkeiten klinischer Sozialarbeit theoretisch fundiert und hinterlegt werden. Eine der neun Rollen (Broker), welche Rachelle Dorfmann zum Thema Klinischer Sozialarbeit nennt, bezeichnet genau die Funktion des Vermittlers von Ressourcen (vgl. Sticher-Gil, 1998, S. 181 in Student, 2007, S. 24). Diese Vermittlung von Ressourcen bedingt natürlich wiederum, dass involvierte Sozialarbeiterinnen explizit über die Möglichkeiten und vorhandenen Ressourcen Bescheid wissen und auch darüber informiert sind, welche finanziellen und materiellen Mittel betroffenen Personen zustehen.

3. Einige Interviewpartnerinnen bringen zur Sprache, dass sie sich mehr Öffentlichkeits- und Informationsarbeit seitens der Sozialen Arbeit wünschen. Hier ist es zunächst einmal notwendig, den professionell in diesem Handlungsfeld Tätigen die Aufgaben und Zuständigkeiten der Profession im Allgemeinen und bezüglich des Handlungsfeldes im Besonderen vor Augen zu führen.

Soziale Arbeit soll in diesem Zusammenhang als Arbeit mit Menschen in Krisen und in kritischen Lebensphasen begriffen werden. Soziale Arbeit als Disziplin soll Sterben nicht nur als körperlichen Abbauprozess, sondern als einen psychischen Krisenprozess mit eigenen psychosozialen Aneignungs- und Entwicklungspotenzialen verstehen (vgl. Mennemann, 2006, S. 1836). Die Profession steht vor den Herausforderungen, sterbende Kinder und deren Angehörige als gesellschaftliche Randgruppe, die von Marginalisierungsprozessen psychosozialer, familiärer und soziokultureller Art betroffen sind, als solche in politisches und öffentliches Bewusstsein zu rücken (vgl. Student, 2007, S. 21). Informationsarbeit für Klienten, besonders bezugnehmend auf die betroffenen Kinder selbst, sollte vor allem auch darauf abzielen, welche Ansprüche und Rechte dem betroffenen Personenkreis zustehen und wie diese umgesetzt werden können.

4. Eine besondere Forderung der Interviewpartnerinnen betrifft die Ausbildung als Handlungsgrundlage für die Sozialarbeiterinnen. Nach Einblick der Interviewpartnerinnen nimmt das Handlungsfeld sterbender Kinder und ihrer Angehörigen derzeit einen zu geringen Stellenwert in der Ausbildung von Sozialarbeiterinnen ein, worin möglicherweise auch die derzeit zahlenmäßig geringe Beteiligung von Sozialarbeiterinnen in diesem Handlungsfeld begründet sein mag. Ein Appell richtet sich nun darauf, sterbende Menschen als Randgruppe ebenso wichtig zu nehmen, wie Handlungsfelder der Drogenproblematik, Arbeitslosigkeit, Jugendwohlfahrt etc., und als solches in die Curricula der Fachhochschulen und Universitäten aufzunehmen. Eine solche, dem Komplexitätsgrad des Handlungsfeldes angepasste Ausbildung würde auch der in Punkt 6.3.3 angesprochenen Überforderung der Sozialarbeiterinnen entgegenwirken. Dieser Punkt wird auch in der Publikation von Student u.a.»*Soziale Arbeit in Hospiz und Palliativ Care*« erwähnt, wonach Sozialarbeiterinnen im Hospiz in ein Feld geraten, das ihnen von der Ausbildung kaum vertraut ist (vgl. Student u. a., 2007, S. 42). Auch Mennemann geht davon aus, dass die Aufnahme der Sterbebegleitung als Handlungsfeld die Möglichkeit einer grundlegenden Auseinandersetzung mit Krisensituationen und basalen Ängsten beinhaltet und in den zentralen Inhalten ohnedies ein typisches sozialpädagogisches Handlungsfeld ist (vgl. Mennemann, 2006, S. 1840).

5. Die Rahmenbedingungen, welche für die Qualität sozialarbeiterischer Betätigung unter anderem ausschlaggebend sind, werden von den Interviewpartnerinnen als unzureichend und mitverantwortlich für die Überforderung seitens Sozialer Arbeit definiert. Diese Feststellung richtet sich vor allem in Richtung der Sozialpolitik, sowohl in Personalfragen als auch in finanzieller und materieller Hinsicht den Bedarf von Sozialarbeiterinnen zu erkennen und adäquat darauf zu reagieren.

6. Nach dem theoretischen Ansatz der Exklusionsvermeidung/Inklusionsförderung als Grundfunktion der Sozialen Arbeit nach Bommes und Scherr (2000) (vgl. Student u.a., 2007, S. 21) kann auch das Verständnis der Interviewpartnerinnen, dass sich eine professionelle Zuständigkeit von Sozialarbeiterinnen für hinterbliebene Eltern und Geschwister ergibt, begründet werden. Mit dem Appell, die Geschwister bei der Nut-

zung des Sozialen Netzwerkes zu unterstützen (vgl. IC), wird der theoretische Ansatz von Empowerment als Leitperspektive (Herringer) genannt (vgl. Student u.a., 2007, S. 22). Im Zuge dessen wird wiederum klar, dass in der Sozialen Arbeit, wenn sie ihre Adressaten zu einer gesünderen Bewältigungsform führen will, fundierte Kenntnisse von Trauerprozessen und die Fähigkeit zur Trauerbearbeitung und Krisenintervention, aber auch methodisches Können und eine gesicherte emotionale Basis von Nöten sind (vgl. Student u.a., 2007, S. 99).

7. Auch die Forderung der Interviewpartnerinnen, dass Sozialarbeiterinnen Netzwerke aufbauen und Hilfsangebote miteinander vernetzen sollen, ist auf der Handlungsebene der Multifunktionalität, für welche Sozialarbeiterinnen ausgebildet werden, zu verorten (vgl. Student u.a., 2007, S. 42).

> »Daher sollten die Sozialarbeiterinnen im Hospizteam fachlich in der Lage sein, andere Berufe ebenso wie ehrenamtliche Mitarbeiter auf die ›sterbende Person in ihrer Situation‹ vorzubereiten, die Aktivitäten der Experten zu koordinieren und die Hilfsangebote zu vernetzen ...« (Schütte 2002 in Student u.a. , 2007, S. 42)

In der Auseinandersetzung mit dieser Thematik und der Auswertung der Interviews wird deutlich, dass es dringend einer anwaltlichen Interessensvertretung für Betroffene bedarf. Da anwaltschaftliche Interessensvertretung als Aufforderung zum bürgerschaftlichen Engagement, zur Mobilisierung von Selbsthilfe und Verwaltungsmodernisierung als Aufgabe klar in die Kompetenz sozialberuflicher Arbeit fällt (vgl. Student u.a., 2007, S. 84), ist dringend zu klären, ob dies eine Aufgabe für die Soziale Arbeit in Kärnten darstellt.

Es ist deutlich, dass Soziale Arbeit bisher weder im Hospizwesen und schon gar nicht im Handlungsfeld sterbender Kinder und ihrer Angehörigen einen klar definierten Platz hat. Monroe (1999) definiert hingegen eine Reihe von klaren Aufgaben für Sozialarbeiterinnen im Hospizwesen:

- Information sterbender Menschen und ihrer Angehörigen über ihre rechtlichen und finanziellen Rahmenbedingungen und sonstige Ressourcen des Gemeinwesens
- Unterstützung der Kommunikation der Betroffenen untereinander und Aufdeckung von Ressourcen

- Unterstützung Betroffener, Vertrauen in ihre eigene Handlungsfähigkeit zu entwickeln und Entgegenwirkung erlernter Hilflosigkeit
- Hilfestellung bei der Entwicklung der Handlungsfähigkeit im Umgang mit der Krise und bei Fragen nach Hilfen
- psychosoziale und ethische Beratung
- Trauernachsorge und damit einhergehende Entwicklung von Lebensperspektiven nach dem Verlust (vgl. Student u.a., 2007, S. 101f)

Auch im Handbuch der Sozialarbeit und Sozialpädagogik (Otto, Thiersch) sind nach Mennemann klare Ziele und Inhalte für sozialpädagogisches Handeln in der Sterbebegleitung zu finden, wobei in seiner Beschäftigung mit der Thematik die Subjektorientierung einen sehr hohen Stellenwert einnimmt (vgl. Mennemann, 2006, S. 1837).

7 Ergebnissichernder Diskurs

Diese Studie brachte sowohl auf Ebene der literarischen Auseinandersetzung als auch durch die empirische Bearbeitung essentielle Erkenntnisse, die hier nochmals in wesentlichen Punkten wiedergegeben werden.

Das bearbeitete Thema *Sterbe- und Trauerbegleitung schwerstkranker sterbender Kinder und ihrer Angehörigen* verlangte zunächst eine Auseinandersetzung mit den gesellschaftlichen Bedingungen und Voraussetzungen für diese Adressatengruppe.

Die Erkenntnis, die aus der Beschäftigung mit den gesellschaftlichen Bedingungen gezogen werden kann, ist folgende: Die derzeitige Haltung in Bezug auf Sterben, Tod und Trauer weist zwar einige klare Verdrängungstendenzen der Thematik des Sterbens, wie Säkularisierung, Individualisierung sowie Institutionalisierung, auf, dennoch wäre die Feststellung, dass das derzeitige Verhältnis zum Tod grundlegend gestört und wesentlich schlechter als in früheren Zeiten ist eine vorschnelle und nicht gut überdachte Schlussfolgerung. Es gibt nämlich auch einige klare Anzeichen eines sich ankündigenden Paradigmenwechsels, beispielsweise stellt das Vorenthalten der Todesthematik bei Kindern heute eher die Ausnahme dar. Kinder werden vielfach in das Geschehen rund um die Pflege schwerstkranker sterbender Familienmitglieder miteinbezogen und bekommen somit einen Einblick in die Welt der Vorgänge und Rituale rund um Tod und Trauer. Des Weiteren lässt sich auch belegen, dass Sterben und Tod zusehends zu einem gesellschaftsfähigen Gesprächsthema wird, im schulischen Unterricht ebenso eine Bedeutung erhält als auch in der Aus- und Weiterbildung von relevanten Berufsgruppen. Auch der Aufbruch des Tabus um die Bestattung von Tod- oder Fehlgeburten muss als relevanter Faktor beachtet werden (vgl. Fischer in Schäfer, 2002, S. 8). Verstärkt werden diese Tendenzen durch die immer schlechter werdenden finanziellen Gegebenheiten, die die Gesellschaft praktisch zu einer Reintegration des Todes in die Familie zwingen, da eine Institutionalisierung dieser Lebensphase nicht mehr leistbar ist.

Unsere Schwierigkeiten im Umgang mit der Thematik dadurch zu lösen, wieder zu alten Sterbe- und Trauerkulturen zurückzukehren, erweist sich bei näherer Betrachtung als nicht zielführend, da die damit einhergehenden gesellschaftlichen Zwänge und Einengungen vielfach übersehen werden.

Als Fakt bestätigte sich im Zuge der Auseinandersetzung jedoch das Absterben von Ritualen, da diese vielfach als veraltet, gehalt- und bedeutungslos erlebt werden. Dadurch entwickelt sich zusehends eine Orientierungslosigkeit, welche die Gesellschaft mit der Herausforderung konfrontiert, zu neuen, zeitangepassten Ritualen und einer situationsadäquaten Trauerkultur zu finden.

Spezifiziert man diese Bedingungen auf die Situation von sterbenden Kindern und deren Eltern kann festgestellt werden, dass die Tabuisierung des Todes in diesem Bereich verschärft zur Geltung kommt und dementsprechende Auswirkungen auf den betroffenen Personenkreis hat. Die Gründe hierfür können unter anderem in der Abnormität des Todes von Kindern in unseren Breitengraden, der gedanklichen Verknüpfung von Kindern mit Leben und Zukunft und der damit einhergehenden Sicht des Todes in diesem Lebensabschnitt als unnatürlich und naturwidrig verortet werden. Somit kann der Tod eines Kindes von der Gesellschaft nicht in gleicher Weise akzeptiert werden wie jener von alten Menschen. Diese Nichtakzeptanz führt wiederum zu einer Ohnmacht der Umgebung und zu unüberlegten Äußerungen und Handlungen, die letztendlich zu dem Auseinanderbrechen sozialer Bindungen zu betroffenen Kindern und deren Familie und zur ihrer nachhaltigen Isolation führen können. Die Grundlage für die Hilfe Betroffener ist somit erschwerten gesellschaftlichen Bedingungen ausgesetzt.

Hinsichtlich der Adressatengruppe sterbender Kinder hat sich gezeigt, dass die Beantwortung der Frage »Was können wir noch tun?« an mehrere Aspekte gebunden ist. Voraussetzung ist für eine Begleiterin zunächst Kenntnis darüber, dass Kinder, je nach Altersstufe, unterschiedliche Vorstellungen über Sterben, Tod und Trauer haben und dennoch immer ihren kindlich individuellen Weg gehen. Offenheit in jeglicher Hinsicht stellt sich als grundlegendes Element einer Begleitung heraus. Kinder weisen, unabhängig davon, ob ihnen dies klar verbalisiert wurde, in der Regel ein Wissen über ihren bevorstehenden Tod auf. Die einzelnen Sterbephasen sind bei Kindern durch spezielle Ängste, Bedürfnisse und Empfindungen geprägt, welche entsprechender Begleitung bedürfen. Sterbebegleitung umfasst neben psychosozialen, pädagogischen und religiös-spirituellen Dimensionen immer das Familiensystem als Ganzes. Sie muss, wie im Punkt 2.5.3 beschrieben, zahlreiche Aufgaben bewältigen. Es hat sich bei der Bearbeitung herausgestellt, dass bei der Begleitung des Sterbe- und Trauerprozesses bei Kindern die Kenntnis der Phasenmodelle dieser Prozesse sehr hilfreich ist. Es muss jedoch beachtet werden, dass diese Modelle nur als grob definiertes Raster gesehen werden können und Abweichungen normal sind. Weitere wichtige Erkenntnisse konnten hinsichtlich der Symbolsprache sterbender Kinder herauskristallisiert werden. Sterbende Kinder sprechen eine andere Sprache als betroffene Erwachsene, und sie brauchen dementsprechend andere Ausdrucksformen für ihre Bedürfnisse, Ängste und Empfindungen. Diese Ausdruckformen umfassen vor allem kreative Zugänge wie Malen, Basteln oder Fotografieren.

Bereits in dieser kurzen Auflistung wird uns vor Augen geführt, wie viel es für sterbende Kinder noch zu tun gibt und welch breites Spektrum dieses Aufgabenfeld umfasst.

Hinsichtlich des Trauerbegriffes bei hinterbliebenen Eltern und Geschwistern hat sich gezeigt, dass dieser natürliche, notwendige Prozess emotionaler Arbeit immer kulturabhängig ist und nicht erst beim Eintritt des Todes seinen Anfang findet, sondern schon bei der Diagnosestellung oder dem Auftauchen der ersten Symptome beginnen kann. Als wesentliche Erkenntnis muss berücksichtigt werden, dass der Trauerprozess immer von verschiedenen, individuell geprägten Gefühlen und Reaktionen gekennzeichnet ist, wobei diese je nach Todesart spezielle Ausformungen und Prägungen beinhalten. Der Tod eines Kindes stellt eine Familien- und auch eine Partnerschaftskrise nicht zu vergleichender Art dar. Dieses Ereignis bedeutet zugleich auch die Veränderung sämtlicher Rollen- und Beziehungsgefüge. Die Trauer um ein Kind kann zu massiven Problemen in der Partnerschaft, aber auch mit den hinterbliebenen Geschwisterkindern führen. Partnerschaft in Zeiten der Pflege und Trauer ist erschwerten Bedingungen, vor allem auch im Bereich der Sexualität, unterworfen, wobei es in vielen Fällen auch zu Trennungen oder Scheidungen kommt. Hinsichtlich des Trauerprozesses bestehen vielerlei Trauerphasenmodelle, welche den Trauernden selbst, aber auch den Begleiterinnen dabei helfen können, die Reaktionen und Gefühle einzuordnen und den Trauervorgang zu entpathologisieren. Hervorgehoben werden muss auch die Wichtigkeit von Trauer- und Bestattungsritualen für die Verarbeitung und Integration des Geschehenen. Hinsichtlich einer Begleitung muss besondere Beachtung auch auf den Zeitraum direkt nach dem Todeseintritt gerichtet werden. Es hat sich herausgestellt, dass es äußert wichtig und effektiv für die Trauerverarbeitung ist, Eltern dabei zu unterstützen, nach dem Tod des Kindes nochmals in Kontakt mit diesem zu treten. Eltern sollten ihr Kind nochmals berühren, streicheln und als nun totes Kind wahrnehmen können, um eine Möglichkeit zu haben, den Tod als Faktum zu realisieren.

Hinsichtlich betroffener Geschwisterkinder hat sich als wesentlicher Punkt herauskristallisiert, dass sich diese in einer besonders prekären Situation befinden. Ihnen wird, obwohl sie durch den Tod des Geschwisters eine primäre Bezugsperson verlieren, gesellschaftlich gesehen nicht die Rolle des trauernden Familienmitgliedes eingeräumt, welcher sie eigentlich bedürfen. Sie verlieren noch zusätzlich ihre Eltern, wie sie ihnen vertraut und bekannt waren. Hinsichtlich der Frage nach Beteiligung an der Pflege des kranken Kindes und der Teilnahme an Ritualen kann klar die Schlussfolgerung gezogen werden, dass die Teilnahme der Geschwister sowohl an pflegerischen Aktivitäten als auch an sämtlichen Bestattungs- und Trauerritualen wünschenswert und günstig für das betroffene Kind ist, aber immer auf das jeweilige Individuum abgestimmt werden muss. Als relevante Einflussgröße auf die Reaktionsweisen nach dem Tod des Kindes kann auch bei Geschwisterkindern das Alter genannt werden. Hinsichtlich des Verlaufes des Trauerprozesses gibt es im Vergleich mit Erwachsenen einige Besonderheiten. So ist Trauer bei Kindern wesentlich sprunghafter und das gleichzeitige Auftauchen vieler, auch sich widersprechender, Gefühle ist kennzeichnend für kindliche Trauervorgänge. Auch in der Begleitung betroffener Geschwister kristallisiert sich das tatsächliche Wahrnehmen und Realisieren des Todes als wichtiger Punkt heraus. Offenheit und Ehrlichkeit sollten auch hier handlungsleitend sein, wobei die Aufmerksamkeit der Begleiterinnen immer auf Besonderheiten des kindlichen Gemüts, wie jene, alles sehr wörtlich zu nehmen, gelenkt werden muss.

Die Frage nach der Rolle der Profession Sozialer Arbeit wurde in den Kapiteln zwei, drei und vier der literarischen Auseinandersetzung bearbeitet. Grundsätzlich lässt sich feststellen, dass die Bewältigung des Sterbe- und Trauerprozesses sowohl beim sterbenden Kind selbst als auch bei den Hinterbliebenen einer adäquaten und dem Individuum angepassten Begleitung bedarf. Hierbei spielt die Soziale Arbeit eine große Rolle. Soziale Arbeit hat sich innerhalb der Literaturrecherche als wichtige Berufsgruppe innerhalb der verlangten Multiprofessionalität zur Bedarfsdeckung bei betroffenen Kindern und deren Familien herauskristallisiert. Grundlegend ist, dass Soziale Arbeit für ihre Handlungsfähigkeit mit dieser Adressatengruppe immer Einblick in das familiäre System benötigt. Sozialarbeiterinnen als Ansprechpartnerinnen von sterbenden Kindern benötigen umfassende Kenntnisse der Gesprächsführung mit diesen. In der Beratung von Eltern kann die Profession beispielsweise hinsichtlich sozialrechtlicher Fragen eine wichtige Rolle übernehmen. Überdies sollte sie auch ihre Funktion in der Öffentlichkeitsarbeit wahrnehmen. Durch Erfüllung dieses spezifischen Beitrags für diese Adressatengruppe wird Soziale Arbeit ihrer grundlegenden Funktionen der Lebenshilfe und Gesundheitsförderung gerecht. Dass Soziale Arbeit sowohl in der Sterbe- und Trauerbegleitung als auch auf gesellschaftlicher Ebene innerhalb dieses Themenfeldes eine wichtige Funktion einnehmen sollte, lässt sich auch vermehrt in der Fachliteratur und Handbüchern nachlesen.

Hinsichtlich der empirischen Auseinandersetzung mit der Thematik haben sich die vorher festgelegten Thesen weitestgehend bestätigt. Die erste interessante Erkenntnis und Überschneidung ergibt sich jedoch zum theoretischen Kapitel des Umgangs mit Sterben, Tod und Trauer. Die Einschätzung der Interviewpartnerinnen bestätigt die theoretische Auffassung. Sie bewerten den derzeitigen Umgang als eine Mischung von Abwehr- und Verdrängungstendenzen, sehen aber auch klare Anzeichen des Aufbruchs eines Tabus.

Die Annahme, dass das Unterstützungsnetzwerk in Kärnten für sowohl schwerstkranke sterbende Kinder selbst als auch für die Eltern und Geschwister unzureichend ausgebaut ist, bestätigte sich. Die Kritik erschließt sich über mangelnde finanzielle Absicherung der Hilfsangebote, bruchstückhafte Öffentlichkeitsarbeit bis hin zu direkten Mängeln der Versorgungsqualität, wie z.b. mangelnde Information Betroffener. Derzeit bestehende Angebote befinden sich überdies in einer starken finanziellen Abhängigkeit von Spenden und Sponsorengeldern. Alle befragten Interviewpartnerinnen verorten in Kärnten klare Versorgungsmängel und einen Änderungsbedarf der derzeitigen Situation. Es wird vermehrte Ausbildung relevanter Berufsgruppen, Ausbau von verschiedenen Modellen und der Vorortversorgung gefordert. Klare Mängel werden auch hinsichtlich der Betreuung von Geschwisterkindern deutlich. Aufbau und die Stärkung von Netzwerken sowie interdisziplinäre Zusammenarbeit sind Herausforderungen für die Zukunft. Die Fragestellung, ob ein stationäres Kinderhospiz als eine Möglichkeit zur Deckung des Bedarfs angesehen werden kann, stellte sich als äußerst schwer einschätzbar heraus. Dies liegt in der unterschiedlichen Aufgabenzuschreibung an ein solches und auch an den verschiedenen Sichtweisen der Interviewpartnerinnen hinsichtlich der Effektivität und tatsächlichen Konformität der Wünsche Betroffener mit dem Entstehen eines solchen Modelles.

Die theoretische Vorannahme, dass die Profession Sozialer Arbeit in Kärnten derzeit eine untergeordnete Rolle in der Versorgungslandschaft Betroffener spielt, bestätigte sich im vollen Ausmaß. Soziale Arbeit wird zwar als wichtige Berufsgruppe in der Versorgung angesehen, jedoch sind in keinem Verein, Institution oder handlungsrelevantem Angebot in Kärnten derzeit Sozialarbeiterinnen angestellt. Auch wird ihre Rolle als insgesamt zu gering eingeschätzt.

Die Annahme, dass die Profession Sozialer Arbeit ein wichtiger Bestandteil des Angebotes für Betroffene darstellen soll, wird von den Interviewpartnerinnen ebenso gestützt. Die derzeitige Rollenzuschreibung an die Profession ist als äußerst diffus einzuschätzen. Die Forderungen an die Soziale Arbeit sind zahlreich und vielschichtig, nun liegt es an der Profession zu klären, welche Aufgaben sie tatsächlich übernehmen kann und welche ihren Zuständigkeitsbereich überschreiten und anderen Professionen zufallen.

Abschließend muss noch erwähnt werden, dass sich sowohl durch die theoretische als auch empirische Auseinandersetzung mit dieser Thematik herausgestellt hat, dass sterbende Kinder und deren Angehörige eine relevante Adressaten- und Zielgruppe der Sozialen Arbeit sind. Dementsprechend gestalten sich auch der Ausblick und die Herausforderung an die Profession. Soziale Arbeit steht vor der Herausforderung, sich selbst in diesem Handlungsfeld ihren methodischen, praktischen und theoretischen Befähigungen entsprechend zu positionieren und ihre Aufgaben bezüglich der Bedarfsdeckung sterbender Kinder und deren Primärangehöriger herauszukristallisieren.

Beenden möchte ich diese Studie mit der Hoffnung, dass alle professionell Beteiligten, aber auch die Gesamtgesellschaft die Einstellung des ehemaligen Vorsitzenden der Internationalen Gesellschaft für Sterbebegleitung Prof. Dr. Werner Burgheim verinnerlichen, wonach es nicht nur um den Versuch gehen sollte, dem Leben Jahre zu geben, sondern vor allem darum, den Jahren Leben (vgl. Burgheim, 2005, S. 11).

8 Verzeichnisse

8.1 Literaturverzeichnis

Barte, H. (2005). Nie wieder (Ein Gedicht für Nils). In: J.-C. Student, Hg., *Im Himmel welken keine Blumen. Kinder begegnen dem Tod* (S. 173-174). Freiburg, Basel, Wien.

Bessler, C. (1996). Das todkranke Kind: Sterben als Prozess. In: P. Fässler-Weibel, Hg., *Wenn Kinder sterben* (S. 146-159). Freiburg, Schweiz, 2. Auflage.

Bode, S. (1998). Die Toten lieber lebend in Erinnerung behalten? In: S. Bode & F. Roth, *Der Trauer eine Heimat geben. Für einen lebendigen Umgang mit dem Tod* (S. 20-22). Bergisch Gladbach.

Bode, S. (1998). Eine hilfsbereite Nachbarschaft. In: S. Bode & F. Roth, *Der Trauer eine Heimat geben. Für eine lebendigen Umgang mit der Trauer.* (S. 161-163). Bergisch Gladbach.

Bode, S. (1998). Märchen über Leben und Sterben. In: S. Bode & F. Roth, *Der Trauer eine Heimat geben. Für einen lebendigen Umgang mit dem Tod* (S. 185-187). Bergisch Gladbach.

Bode, S. (1998). Trauer ist keine Krankheit. In: S. Bode & F. Roth, *Der Trauer eine Heimat geben. Für einen lebendigen Umgang mti dem Tod* (S. 149-150). Bergisch Gladbach.

Bode, S. (1998). Zerreißprobe für eine Familie. In: S. Bode & F. Roth, *Der Trauer eine Heimat geben. Für einen lebendigen Umgang mit dem Tod* (S. 159-160). Bergisch Gladbach.

Bode, S. & Roth, F. (1998). *Der Trauer eine Heimat geben. Für einen lebendigen Umgang mit dem Tod.* Bergisch Gladbach.

Brocher, T. (2005). Mit Kindern über den Tod sprechen. In: J.-C. Student, Hg., *Im Himmel welken keine Blumen. Kinder begegnen dem Tod* (S. 24-39). Freiburg, Basel, Wien.

Burgheim, W. (2006a). Sterben als erlebte Krise. In: W. Burgheim, *Sterben und Trauer im Wandel. Dem Tabu begegnen, von Religion und Kulturen lernen* (S. 15-26). Merching.

Burgheim, W. (2006b). *Sterben und Trauer im Wandel. Dem Tabu begegnen, von Religionen und Kulturen lernen*. Merching.

Burgheim, W. (2006c). Uns allen blüht der Tod - doch welcher? In: W. Burgheim, *Sterben und Trauer im Wandel. Dem Tabu begegnen, von Religionen und Kulturen lernen* (S. 11-14). Merching.

Burgheim, W. (2005). *Sterbende begleiten. In Geborgenheit bis zuletzt durch palliative Care*. Merching.

Canacakis, J. (2000). *Ich begleite dich durch deine Trauer*. Stuttgart, 13. Auflage.

Canacakis, J. (2005). Trauer - ein »verlerntes« Gefühl. In: J.-C. Student, Hg., *Im Himmel welken keine Blumen. Kinder begegnen dem Tod* (S. 194-211). Freiburg, Basel, Wien.

Cook, B. & Phillips, S. G. (1995). *Verlust und Trauer. Bedeutung - Umgang - Bewältigung*. Berlin.

Di Gallo, A. & Bürgin, D. (2006). Der Umgang mit schwer kranken und sterbenden Kindern. In: U. Koch, K. Lang, A. Mehnert & C. Schmeling-Kludas, Hg., *Die Begleitung schwer kranker und sterbender Menschen. Grundlagen und Anwendungshilfen für Berufsgruppen in der Palliativversorgung* (S. 79-89). Stuttgart.

Duss von Werdt, J. (1996). Der unvermeidliche Tod fordert sein Gastrecht im Haus. In: P. Fässler-Weibel, Hg., *Wenn Kinder sterben* (S. 201-217). Freiburg, Schweiz, 2. Auflage.

Ehrensperger, U., Ehrensperger, K. & Fässler-Weibel, P. (1996). Das lange Ringen bis zum bitteren Ende. In: P. Fässler-Weibel, Hg., *Wenn Kinder sterben* (S. 11-37). Freiburg, Schweiz, 2. Auflage.

Elliot, M. P. (2000). Mutter-Kind-Station: Totaler Einsatz bei der Pflege eines todkranken Kindes. In: E. Kübler-Ross, *Verstehen, was Sterbende sagen wollen. Einführung in ihre symbolische Sprache* (S. 85-162). München.

Ennulat, G. (2003). *Kinder trauern anders. Wie wir sie einfühlsam und richtig begleiten.* Freiburg im Breisgau, 2. Auflage.

Ewers, M. & Schaeffer, M., Hg., (2005). *Am Ende des Lebens. Versorgung und Pflege von Menschen in der letzten Lebensphase.* Bern.

Fässler-Weibel, P., Hg., (1996). *Wenn Kinder sterben.* Freiburg, Schweiz, 2. Auflage.

Fitzgerald, A. & Toplak, H. (1994). *Der Umgang mit Schwerkranken und Sterbenden.* Wien.

Fleck, C. (2005). Spirituelle Begleitung Sterbender im Krankenhaus, Altenheim und stationären Hospiz. In: W. Burgheim, *Sterbende begleiten. In Geborgenheit bis zuletzt durch Palliativ Care* (S. 129-166). Merching.

Fleck-Bohaumilitzky, C. & Fleck, C. (2008). *Wenn Kinder vor ihren Eltern sterben. Ein Begleiter für verwaiste Eltern.* Stuttgart.

Glanzmann, G. & Bergsträßer, E. (2001). *Begleiten von sterbenden Kindern und Jugendlichen.* Schaffhausen.

Gläser, J. & Laudel, G. (2009). *Experteninterviews und qualitative Inhaltsanalyse als Instrumente rekonstruierender Untersuchungen.* Wiesbaden, 3. Auflage.

Haagen, M. & Romer, G. (2006). »Kann Papa jetzt aufhören tot zu sein?« - Begleitung von Kindern sterbender Eltern. In: U. Koch, K. Lang, A. Mehnert & C. Schmeling-Kludas, Hg., *Die Begleitung schwer kranker und sterbender Menschen. Grundlagen und Anwendungshilfen für Berufsgruppen in der Palliativversorgung* (S. 202-212). Stuttgart.

Harder, G. M. (1996). Sterben und Tod eines Geschwisters. In: P. Fässler-Weibel, Hg., *Wenn Kinder sterben* (S. 218-235). Freiburg, Schweiz, 2. Auflage.

Harsieber, R. (2006). Wandel im Bild des Alterns und Sterbens. In: W. Burgheim, *Sterben und Trauer im Wandel. Dem Tabu begegnen, von Religionen und Kulturen lernen* (S. 91-110). Merching.

Heußner, P. (2006). Die Lebensqualität schwerstkranker und sterbender Menschen. In: U. Koch, K. Lang, A. Mehnert & C. Schmeling-Kludas, Hg., *Die Begleitung schwer kranker und sterbender Menschen. Grundlagen und*

Anwendungshilfen für Berufsgruppen in der Palliativversorgung (S. 17-28).
Stuttgart.

Hinderer, P. & Kroth, M. (2005). *Kinder bei Tod und Trauer begleiten.
Konkrete Hilfestellungen für Kindergarten, Grundschule und zu Hause* .
Münster.

Hofmann, H. (2005). Begleitung von Familien, in denen ein Kind stirbt. In:
J.-C. Student, Hg., *Im Himmel welken keine Blumen. Kinder begegnen dem
Tod* (S. 61-74). Freiburg, Basel, Wien.

Hohn, P. (2008). *Plötzlich ohne Kind.* Gütersloh.

Holzbeck, T. (2005). Tod und Trauer in der Heilpädagogik und Sonderschule.
In: W. Burgheim, *Sterbende begleiten. In Geborgenheit bis zuletzt durch
palliative Care* (S. 287-304). Merching.

Horlemann, J. (2005). Palliative-Care Konzepte und deren Einsatz in der
ambulanten und stationären Praxis. In: W. Burgheim, *Sterbende begleiten. In
Geborgenheit bis zuletzt durch palliative Care* (S. 21-44). Merching.

Huber, I. (2005). Kinder mit AIDS. In: J.-C. Student, Hg., *Im Himmel welken
keine Blumen. Kinder begegnen dem Tod* (S. 93-107). Freiburg, Basel, Wien.

Hunziker-Jäger, C. (1996). Meine Kinder starben, bevor sie gelebt haben. In:
P. Fässler-Weibel, Hg., *Wenn Kinder sterben* (S. 38-51). Freiburg, Schweiz, 2.
Auflage.

Jerneizig, R. (2006). Psychologie der Trauer und Trauerverarbeitung -
Beratung und Therapie. In: U. Koch, K. Lang, A. Mehnert & C. Schmeling-
Kludas, Hg., *Die Begleitung schwer kranker und sterbender Menschen.
Grundlagen und Anwendungshilfen für Berufsgruppen in der
Palliativversorgung* (S. 213-220). Stuttgart.

Kast, V. (1999). *Trauern. Phasen und Chancen des psychischen Prozesses.*
Stuttgart.

Kast, V. (2005). Wenn Kinder sterben. In: J.-C. Student, Hg., *Im Himmel
welken keine Blumen. Kinder begegnen dem Tod* (S. 161-172). Freiburg,
Basel, Wien.

Kind, H. P. (1996). Medizinische Betreuung zu Hause. In: P. Fässler-Weibel,
Hg., *Wenn Kinder sterben* (S. 69-74). Freiburg, Schweiz, 2. Auflage.

Koch, U., Lang, K., Mehnert, A. & Schmeling-Kludas, C., Hg. (2006). *Die Begleitung schwer kranker und sterbender Menschen. Grundlagen und Anwendungshilfen für Berufsgruppen in der Palliativversorgung.* Stuttgart.

Kübler-Ross, E. (2001). *Interviews mit Sterbenden.* München.

Kübler-Ross, E. (2003). *Kinder und Tod.* München.

Kübler-Ross, E. (2000). *Verstehen, was Sterbende sagen wollen. Einführung in ihre symbolische Sprache.* München.

Kübler-Ross, E. & Kessler, D. (2006). *Dem Leben neu vertrauen. Den Sinn des Trauerns durch die fünf Stadien des Verlusts finden.* Stuttgart.

Leuenberger, M. (1996). Was sterbende Kinder denken. In: P. Fässler-Weibel, Hg., *Wenn Kinder sterben* (S. 186-194). Freiburg, Schweiz, 2. Auflage.

Lothrop, H. (1998). *Gute Hoffnung - jähes Ende. Fehlgeburt, Totgeburt und Verluste in der frühen Lebenszeit. Begleitung und neue Hoffnung für Eltern.* München, 12. Auflage.

Lugton, J. (1995). *Kommunikation mit Sterbenden und ihren Angehörigen.* Berlin, Wiesbaden.

Mennemann, Hugo (2006). Sterbebegleitung. In:H.-U. Otto, Hg., *Handbuch Sozialarbeit, Sozialpädagogik* (S. 1834-1841). Neuwied, 2. Auflage.

Murillo, M., Kissane, D. & Mehnert, A. (2006). Psychische Belastungen, ihre Verarbeitung und psychologische Unterstützungsmöglichkeiten bei Patienten mit terminalen Erkrankungen. In: U. Koch, K. Lang, A. Mehnert & C. Schmeling-Kludas, Hg., *Die Begleitung schwer kranker und sterbender Menschen. Grundlagen und Anwendungshilfen für Berufsgruppen in der Palliativversorgung* (S. 65-78). Stuttgart: 2006.

Nagele, S. & Feichtner, A. (2009). *Lehrbuch der Palliativpflege.* Wien, 2. Auflage.

Oehninger-Müller, B. (1996). Kind und Spittal. In: P. Fässler-Weibel, Hg., *Wenn Kinder sterben* (S. 273-281). Freiburg, Schweiz, 2. Auflage.

Otterstedt, C. (2006). Sterbebegleitung in anderen Ländern und Kulturen. In: W. Burgheim, *Sterben und Trauer im Wandel. Dem Tabu begegnen, von Religionen und Kulturen lernen* (S. 239-257). Merching.

Otto, H.-U., Hg. (2006). *Handbuch Sozialarbeit, Sozialpädagogik.* Neuwied, 2. Auflage

Patsch, I. (2006). Sinn trotz(t) Leiden. In: W. Burgheim, *Sterben und Trauer im Wandel. Dem Tabu begegnen, von Religionen und Kulturen lernen* (S. 69-90). Merching.

Pauls, C., Sanneck, U. & Wiese, A., Hg. (2007). *Rituale in der Trauer.* Hamburg, 2. Auflage.

Penn, B. (2005). Sterbebegleitung von Kindern. In: W. Burgheim, *Sterbende begleiten. In Geborgenheit bis zuletzt durch palliativ care* (S. 227-248). Merching.

Pfeffer, C. (2005). *»Hier wird immer noch besser gestorben als woanders«. Eine Ethnographie stationärer Hospizarbeit.* Bern .

Rest, F. (1998). *Sterbebeistand, Sterbebegleitung, Sterbegeleit. Handbuch für den stationären und ambulanten Bereich.* Stuttgart, 5. Auflage.

Rest, F. (2006). Zur gesellschaftlich-kulturellen Situation Sterbender in Deutschland-eine Standortbestimmung. In U. Koch, K. Lang, A. Mehnert & C. Schmeling-Kludas, Hg., *Die Begleitung schwer kranker und sterbender Menschen. Grundlagen und Anwendungshilfen für Berufsgruppen in der Palliativversorgung* (S. 3-16). Stuttgart.

Ritter, M. (2003). *Wenn ein Kind stirbt. Ein Begleiter für trauernde Eltern und Geschwister.* Stuttgart.

Rolshoven, J. (1998). Der Tod, die Trauer und das Lachen. Ein kulturwissenschaftlicher Umgang mit dem Tod in unserer Gesellschaft. In: S. Bode & F. Roth, *Der Trauer eine Heimat geben. Für einen lebendigen Umgang mit dem Tod* (S. 196-230). Bergisch Gladbach.

Roth, F. (1998). »Die Toten haben eine Botschaft«. In: S. Bode & F. Roth, *Der Trauer eine Heimat geben. Für einen lebendigen Umgang mit dem Tod* (S. 131-139). Bergisch Gladbach.

Roth, F. (1998). »Bilanz ziehen - das Leben neu ordnen«. In: S. Bode & R. Fritz, *Der Trauer eine Heimat geben. Für einen lebendigen Umgang mit dem Tod* (S. 167-176). Bergisch Gladbach.

Roth, F. (1998). »Wir lassen uns unsere Toten stehlen!«. In: S. Bode & F. Roth, *Der Trauer eine Heimat geben. Für einen lebendigen Umgang mit dem Tod* (S. 37-45). Bergisch Gladbach.

Röttger, K. (2006). Sozialarbeit in der Palliativmedizin. In: U. Koch, K. Lang, A. Mehnert & C. Schmeling-Kludas, Hg., *Die Begleitung schwer kranker und sterbender Menschen. Grundlagen und Anwendungshilfen für Berufsgruppen in der Palliativversorgung* (S. 134-145). Stuttgart.

Rutgers, E. (1996). Wenn unser Kind durch Suizid stirbt. In: P. Fässler-Weibel, Hg., *Wenn Kinder sterben* (S. 170-178). Freiburg, Schweiz, 2. Auflage.

Salzmann, J. (2009). Es sind die ungeweinten Tränen, die krank machen - oder: Wie Trauer eine heildende Kraft sein kann. In: A. Wiese, Hg., *Um Kinder trauern. Eltern und Geschwister begegnen dem Tod* (S. 209-218). Gütersloh, 4. Auflage.

Schäfer, J. (2002). *Tod und Trauerrituale in der modernen Gesellschaft. Perspektiven einer alternativen Trauerkultur.* Stuttgart.

Schiff, H. S. (1986). *Verwaiste Eltern.* München.

Specht-Tomann, M. & Tropper, D. (2004). *Wir nehmen jetzt Abschied. Kinder und Jugendliche begegnen Sterben und Tod.* Düsseldorf, 3. Auflage.

Stähli, A. (2004). *Umgang mit Emotionen in der Palliativpflege. Ein Leitfaden.* Stuttgart.

Strege, A.-M. & Busche, A. (1999). Die Rolle der Sozialarbeiterin. In: J.-C. Student, Hg., *Das Hospizbuch* (S. 129-139). Freiburg im Breisgau, 4. Auflage.

Student, J.-C., Hg., (1999). *Das Hospizbuch.* Freiburg im Breisgau, 4. Auflage.

Student, J.-C., Hg. (2005). *Im Himmel welken keine Blumen. Kinder begegnen dem Tod.* Freiburg, Basel, Wien.

Student, J.-C. (2005). Kinder sind Zukunft. In: J.-C. Student, Hg., *Im Himmel welken keine Blumen. Kinder begegnen dem Tod* (S. 15-23). Freiburg, Basel, Wien.

Student, J.-C. (2005). Wozu brauchen wir Kinder-Hospize? In: J.-C. Student, Hg., *Im Himmel welken keine Blumen. Kinder begegnen dem Tod* (S. 108-117). Freiburg, Basel, Wien.

Student, J.-C., Mühlum, A. & Student, U. (2007). *Soziale Arbeit in Hospiz und palliative Care*. München, Basel, 2. Auflage.

Sutter, M. (1996). SIDS - Der plötzliche Kindstod. In: P. Fässler-Weibel, Hg., *Wenn Kinder sterben* (S. 124-131). Freiburg, Schweiz, 2. Auflage.

Tausch, R. (2005). Umgang mit schweren Verlusten. In: J.-C. Student, Hg., *Im Himmel welken keine Blumen. Kinder begegnen dem Tod* (S. 133-154). Freiburg, Basel, Wien.

Tausch-Flammer, D. & Bickel, L. (1994). *Wenn Kinder nach dem Sterben fragen*. Freiburg im Breisgau, 8. Auflage.

Uehlinger-Walter, J. & Hassam-Godly, C. (1996). Begleitung sterbebedrohter Kinder auf der Intensivstation. In: P. Fässler-Weibel, Hg., *Wenn Kinder sterben* (S. 100-111). Freiburg, Schweiz, 2. Auflage.

Voss-Eiser, M. (2005). Hilfe und Selbsthilfe für verwaiste Eltern und trauernde Geschwister. In: J.-C. Student, Hg., *Im Himmel welken keine Blumen. Kinder begegnen dem Tod* (S. 175-193). Freiburg, Basel, Wien.

Wellendorf, E. (2005). Verstehen, was sterbende Kinder sagen. In: J.-C. Student, Hg., *Im Himmel welken keine Blumen. Kinder begegnen dem Tod* (S. 43-60). Freiburg, Basel, Wien.

Wiese, A., Hg. (2009). *Um Kinder trauern. Eltern und Geschwister begegnen dem Tod*. Gütersloh, 4. Auflage.

Wingenfeld, K. (2005). Hospizversorgung schwer kranker Kinder mit begrenzter Lebenserwartung. In: M. Ewers & M. Schaffer, Hg., *Am Ende des Lebens. Versorgung und Pflege von Menschen in der letzten Lebensphase* (S. 175-196). Bern .

Worden, W. (2007). *Beratung und Therapie in Trauerfällen. Ein Handbuch*. Bern, 3. Auflage.

Zach, A. (1996). Der Tod in der Schule. In: P. Fässler-Weibel, Hg., *Wenn Kinder sterben* (S. 236-252). Freiburg, Schweiz, 2. Auflage.

Znoj, H. (2004). *Komplizierte Trauer*. Göttingen.

8.2 Quellenverzeichnis

Statistik Austria: Statistik der natürlichen Bevölkerungsbewegung, in: http://www.statistik-austria.at/web_de/statistiken/bevoelkerung/sterbefaelle/022911.htmlAbkürz ungsverzeichnis [31.03.2009]

8.3 Abkürzungsverzeichnis

AVS   Arbeitsvereinigung der Sozialhilfe Kärntens

LKH Klagenfurt   Landeskrankenhaus Klagenfurt

MOKI Kärnten   Mobile-Kinder-Krankenpflege Kärnten

9 Anhang

Interviewleitfaden

a. Versorgungssituation in Kärnten

Darstellung der eigenen Einrichtung

1. Könnten Sie bitte ihre Institution und sich selbst bzw. ihre Position in der Institution kurz vorstellen?
2. Wie viele schwerstkranke bzw. sterbende Kinder und deren Eltern/Geschwister betreut ihre Einrichtung bzw. Sie selbst jährlich?
3. Welche Angebote bietet ihre Einrichtung/bieten sie selbst an?
4. Was sehen sie als die wichtigsten Elemente in ihrer Arbeit an bzw. worauf legen Sie besonderen Wert, sowohl in Bezug auf den Umgang mit den Eltern/Geschwistern als auch mit den betroffenen Kindern selbst?
5. Welche sind für sie persönlich und die Einrichtung die wichtigsten Ziele, die sie durch ihre Arbeit erreichen möchten?
6. Wie viele Mitarbeiter/innen sind in ihrer Institution beschäftigt? Welche Qualifikation weisen diese auf?
7. Besteht in ihrer Institution Netzwerkarbeit mit anderen Institutionen? Wenn ja, mit welchen?
8. Stehen ihnen bzw. ihrer Institution nach ihrer eigenen Einschätzung zufolge genügend Mittel zur Verfügung, um ihre Arbeit qualitativ hochwertig durchzuführen oder mangelt es an z.b. finanziellen und personellen Ressourcen? Wenn ja, welche Mängel gibt es?

Einschätzung der generellen Versorgungssituation in Kärnten

1. Wie hoch ist bzw. schätzen sie die Zahl des betroffenen Personenkreises (verwaiste Eltern und Geschwister, Kinder, die sich mit der Diagnose einer potenziell tödlich verlaufenden Erkrankung konfrontiert sehen) in Kärnten?
2. Wie sieht für sie selbst die optimale Betreuung für Kinder und ihre Angehörige aus?

3. Welche Institutionen bzw. Einrichtungen kennen Sie, die sich mit den Bedürfnissen von sterbenden Kindern und ihren Angehörigen befassen?

4. Welche Entlastungsmöglichkeiten gibt es derzeit für pflegende Eltern und Geschwister derzeit?

5. Welche Hilfsmöglichkeiten stehen Eltern zur Verfügung, die sich dafür entscheiden, ihr Kind zu Hause zu pflegen?

6. Welche Angebote/Unterstützungen gibt es für trauernde Eltern und Geschwister?

7. Ist das Angebot ihrer Meinung nach gut ausgebaut bzw. ausreichend oder besteht weiterer Bedarf? Was fehlt am meisten?

b. Kinderhospiz

1. Welche Professionen sollten in Kinderhospizen/sonstigen Einrichtungen oder auch bei der mobilen Betreuung von schwerstkranken Kindern und deren Angehörigen unbedingt vertreten sein?

2. Was verstehen Sie unter einem Hospiz bzw. dem Hospizgedanken in Bezugnahme auf sterbende Kinder?

3. Erachten Sie persönlich den Bau eines Kinderhospizes in Kärnten als notwendig und sinnvoll?

c. Soziale Arbeit

1. Was verstehen Sie unter Sozialer Arbeit?

2. Wie sehen Sie persönlich die derzeitige Rolle der Sozialen Arbeit in der Versorgung sterbender Kinder und derer Angehörigen in Kärnten?

3. Welche Funktion sollte ihrer persönlichen Einschätzung nach die Soziale Arbeit in der Betreuung von sterbenden Kindern und ihren Angehörigen einnehmen?

4. Füllt die Soziale Arbeit derzeit diese Funktion in Kärnten aus? Wenn nein, welche Funktionen werden vernachlässigt?

5. Sind in ihrer Einrichtung Sozialarbeiter/innnen angestellt oder besteht Kontakt bzw. Netzwerkarbeit zu/mit Sozialarbeitern/innen?

d. Gesellschaft

1. Wie würden Sie persönlich die derzeitige gesellschaftliche Haltung in Bezug auf Sterben und Trauer in Kärnten beschreiben?
2. Welche Entwicklungen zeichnen sich für Sie ab?
3. Welche Reaktionen ruft es hervor, wenn Sie in der Öffentlichkeit über ihre Arbeit sprechen?
4. Glauben Sie, dass ihre Arbeit von der Bevölkerung Kärntens als notwendig angesehen wird?
5. Gibt es einen Aspekt, den ich nicht bedacht habe und welchen Sie noch dem Interview hinzufügen bzw. auf den Sie mich noch aufmerksam machen möchten?

Zum Thema

Julia Schäfer

Tod und Trauerrituale in der modernen Gesellschaft

Perspektiven einer alternativen Trauer- und Bestattungskultur

Zweite, überarbeitete und erweiterte Auflage

216 Seiten, Paperback. € 24,90

Erhältlich in Ihrer Buchhandlung
oder direkt unter www.ibidem-verlag.de

Mit welchen Problemen sind Trauernde in modernen, individualisierten Gesellschaften konfrontiert? Werden Tod und Trauer aus der Gesellschaft verdrängt oder ausgelagert, indem der Umgang mit Sterbenden und Verstorbenen zur ExpertInnensache geworden ist? Haben wir überhaupt noch brauchbare Rituale für Trauer und Bestattung?

Ausgehend von diesen Fragen untersucht Julia Schäfer den Umgang mit Tod und Trauer in der modernen Gesellschaft und beschreibt einen Wandel der gegenwärtigen Trauer- und Bestattungskultur. Sie analysiert in ihrer Studie, wie Trauer durch soziale Normierungen beeinflusst wird.

Julia Schäfer geht den Ansätzen von ,alternativen' Umgangsformen mit Tod und Trauer nach. Sie zeigt auf, wie die Trauer- und Bestattungskultur seit den vergangenen Jahren von Veränderungen erfasst wurde. Neben der Darstellung und Erläuterung neuartiger Bestattungsformen, der individuellen Gestaltung von Trauerfeiern sowie der wachsenden Bedeutung von Internet-Gedenkstätten geht es um Aufgaben und Wirksamkeit professioneller Trauerbegleitung.

Stephanie Lummerich

Väter dürfen auch trauern!

Sozialpädagogische Perspektiven für die Gruppenarbeit
mit trauernden Vätern

130 Seiten, Paperback. € 22,00

Erhältlich in Ihrer Buchhandlung
oder direkt unter www.ibidem-verlag.de

Stephanie Lummerich richtet in ihrer Studie das Augenmerk auf das Trauerverhalten von Vätern, die ein Kind durch eine Tot-, Fehl-, Frühgeburt oder den plötzlichen Säuglingstod verloren haben. Wie trauern Väter in solchen Fällen? Wie erklärt sich ihr besonderes Trauerverhalten? Ist ihre Trauer weniger schmerzhaft oder weniger intensiv als die von Müttern in gleicher Situation?

Anhand von Erlebnisberichten von Vätern, die ihre Kinder verloren haben, setzt sich Stephanie Lummerich mit den unterschiedlichen Trauerwegen auseinander. Sie stellt mögliche Verarbeitungsweisen vor, die beispielsweise in der Teilnahme an einer speziellen Trauergruppe für Väter liegen können. Die Erlebnisberichte der Väter geben Einblick in die Gefühlslage der Betroffenen und können somit sowohl für Angehörige als auch für professionelle Helfer wegweisend in der Unterstützung trauernder Väter sein. Das Buch soll aber auch und gerade betroffenen Vätern Mut machen und ihnen zeigen, dass sie mit ihrem Schmerz und ihrer Trauer nicht alleine sind.

ibidem-Verlag

Melchiorstr. 15

D-70439 Stuttgart

info@ibidem-verlag.de

www.ibidem-verlag.de
www.ibidem.eu
www.edition-noema.de
www.autorenbetreuung.de

www.ingramcontent.com/pod-product-compliance
Lightning Source LLC
Chambersburg PA
CBHW050713280326
41926CB00088B/3014